여자혼자
떠나는
여행의기술

여자혼자 떠나는 여행의 기술

나 홀로 여행을 꿈꾸는
겁많고 소심한 여행자들이 알아야 할
솔로여행의 모든 것

베스 휘트먼 글 | 강분석 옮김

푸르메

WANDERLUST AND LIPSTICK
: THE ESSENTIAL GUIDE FOR WOMEN TRAVELLING SOLO: Second Edition, by Beth Whitman
Copyright ⓒ 2009 by Beth Whitman

Korean translation rights ⓒ 2010 Prume Publishing Co.
Korean translation rights are arranged with Dispatch Travels. through Amo Agency Korea.
All rights reserved.

이 책의 한국어판 저작권은 아모 에이전시를 통해 독점 계약한 푸르메에 있습니다.
신저작권법에 의해 한국내에서 보호를 받는 저작물이므로 무단전재와 무단복제를 금합니다.

여자 혼자 떠나는 여행의 기술

1판 1쇄 인쇄 2010년 11월 10일
1판 1쇄 발행 2010년 11월 15일

지은이 | 베스 휘트먼
옮긴이 | 강분석
펴낸이 | 김이금
펴낸곳 | 도서출판 푸르메
등록 | 2006년 3월 22일(제318-2006-33호)
주소 | 서울시 마포구 연남동 568-39 컬러빌딩 301호(우 121-869)
전화 | 02-334-4285~6
팩스 | 02-334-4284
전자우편 | prume88@hanmail.net
인쇄·제본 | 한영문화사

ISBN 978-89-92650-35-9 13810

* 책값은 뒤표지에 표시되어 있습니다.

당신이 도저히 할 수 없다고 믿고 있는,
바로 그것을 해야 한다.

— 일리노어 루즈벨트

— 들어가는 말

이 책을 처음 내고 재판이 나오기까지, 지난 2년 동안 많은 변화가 있었다. 예상했던 대로 인터넷이 폭발적으로 발달했다. 그 결과 우리는 지구에서 제일 멀리 떨어진 곳에서 무슨 일이 일어나고 있는지 거의 실시간으로 알 수 있게 되었다. 이 놀라운 기술 덕분에 티베트 사람들과 미국인들이 서로 대화를 나누고 인도인들과 독일 사람들이 친구가 되었다. 그들은 온라인으로 여행에 대한 조언을 서로 나누고 커피와 집 꾸미기에 대해서 정보를 주고받고 있다.

반면에 해마다 성장을 거듭하던 여행산업은 약간의 침체에도 휘청거리고 있다. 부지런한 여행자들이 트위터와 페이스북을 넘나들며 정보를 뒤지고 다니는 반면, 업계는 한없이 추락하고 있는 것 같이 보인다. 항공업계는 살아남기 위해 안간힘을 쓰고 있고 호텔 점유율은 바닥을 모르고 떨어지고 있다. 문을 닫는 식당과 상점이 줄을 잇고 출판사들은 여행안내서의 출간을 미루고 있다.

그럼에도 나는 어쩌면 여행이란 꿈속에서 살고 있는 것인지도 모른다. 내 주변에서 여행 계획을 취소하는 이들은 거의 없다. 오히려 그들은 생활비와 오락비를 줄여 돈을 모으고 있다. 생일 축하든 오랫동안 꿈꾸던 모험이든 자기만의 여행을 떠나기 위해.

지금부터는 홀로 떠날 수 있는 용기를 가진 우리 여성들이 그 길의 맨 앞에 서게 될 것이다. 자신만의 시간을 가지는 것이 이제는 사회적으로 인정될 뿐만 아니라 거의 유행하는 추세이다. 평생의 꿈을 이루기 위해 배낭을 멘 여성들이 오늘도 남아메리카의 산길을 걷고, 인도에서 요가를 배우고, 또 에펠탑을 오르고 있다.

일상에서 벗어나기 위해, 삶의 방식을 바꾸기 위해, 또는 정신 건강을 위한 휴식을 위해 그 어느 때보다 많은 여성들이 "지금 당장 여행을 떠나야 한다"고 생각하고 있다. 고인 물 같은 일상에서 잠시 벗어나기 위해 남편을 떼놓고 매년 혼자서 여행을 떠나는 진구도 있다. 떠날 때마다 함박웃음을 웃으며 그녀는 말했다.
"아내가 행복해야 집안이 행복한 법이야."

여행의 이유가 무엇이든, 더이상 망설이지 말고 당신 안에서 자라고 있는 방랑벽이라는 나무에 물을 주자.

부디 가슴 뛰는 즐거운 여행을!

베스 휘트먼
Beth Whitman

차례

— 들어가는 말　　　　　　　　　　　　6

1　왜 나 홀로 여행인가?　　　　　　　11
2　목적이 분명한 여행이 더 즐겁다　　19
3　핑계는 이제 그만　　　　　　　　　47
4　세부계획 짜기가 여행의 반　　　　67
5　예약의 기술　　　　　　　　　　　79
6　숙소 고르기의 노하우　　　　　　89
7　현지에서 돌아다니기　　　　　　　103
8　각종 형식과 절차 챙기기　　　　　119
9　건강하게 여행하기　　　　　　　　131
10　현명한 짐 꾸리기　　　　　　　　159
11　첨단 하이테크 기기와 적절한 소품 이용하기　181

12 경비에 관한 모든 것	191
13 뭐니뭐니해도 안전이 최고!	205
14 사람들을 쉽게 사귀는 법	225
15 여행 중에 연락 주고받기	237
16 열린 마음으로 언어의 장벽을 넘어서라!	245
17 책임 있는 여행을 하자	255
18 즐거운 귀국을 위한 작은 노력	269
— 마지막 한 마디!	273
— 옮긴이의 말	275
— 부록 이 책에 소개된, 여행에 유용한 사이트들	277

1 왜 나 홀로 여행인가?

지난 수년 간 여성 여행자를 위한 워크숍을 진행하면서 나는 솔로여행에 관심을 가진 여성들을 많이 만났다. 용감한 이들도 있었고 겁이 많은 이들도 있었다. 직장여성, 대학생, 주부, 이혼녀, 사업가 등 신분도 다양했다. 일상 탈출, 휴식, 모험, 자기 성찰, 쇼핑, 업무 등등 동기도 가지각색이었다. 그렇지만 이들에게 한 가지 공통점이 있었다. 완벽한 길동무가 나올 때까지 기다리지 않고 여행을 떠난다는 것이었다. 자, 이제 당신 차례이다.

그렇다면 대체 솔로여행의 장점이 무엇인지, 단체여행 또는 친구들과 함께 떠나는 여행과 어떻게 다른지, 아마 궁금해질 것이다. 지금부터 나 홀로 여행의 장점을 몇 가지 살펴보자.

● 무엇을 하든 자유롭다

나 홀로 여행의 최대 장점은 내 마음대로 할 수 있다는 것이다. 사람들과 일정을 조정할 필요도 없고, 언제 어디서 식사를 하는 것이 좋을까 왈가왈부할 것도 없고, 관심 없는 관광지를 돌아다니느라 시간을 낭비하지 않아도 된다. 밤늦게 잠자리에 들거나 아침밥을 걸러도 되고, 계획보다 일찍 기차를 타거나 가던 길을 멈추고 사진을 찍어도 된다. 아무 영화관에나 불쑥 들어가 그곳 말로 번역된 최신 영화를 볼 수도 있다. 누군가와 의견을 조율할 것도 또 타협할 것도 없다.

패키지여행에서는 모든 것을 여행사에 맡기고 아침 식사에 무엇이 나올까 정도만 신경 쓰면 되니 편하기는 하겠지만 정해진 일정대로 움직이느라 자기가 진짜로 원하는 것을 포기해야 하는 때가 종종 생긴다.

웨이워드 우먼은 여성 여행자들로 구성된 단체로 이들은 한 달에 한 번씩 자유롭게 모여 여행에 대한 이야기를 나눈다. 이 단체의 공동 창립자인 메리 조는 무슨 일이든 자신의 방식대로 하는 것을 좋아한다. "저는 여행은 혼자서 다닙니다. 다른 사람들이 있으면 행선지나 일정을 내가 원하는 대로 정하기 어려우니까요. 뉴질랜드 웰링턴에 갔을 때는 국립박물관을 관람했습니다. 그런 쪽에 관심이 많거든요. 저는 그날 박물관 문이 열리자마자 들어가서 문을 닫을 때야 나왔습니다. 만약 일행이 있어서 관람시간을 조정해야 했다면 짜증이 났을 겁니다."

최근에 조는 초콜릿 제조법을 배우기 위해 유럽에 다녀왔다. 그녀는 남편과 동행해도 좋았을 거라고 인정하면서도 이렇게 덧붙였다. "혼자 가기를 정말 잘했어요. 혼자였기 때문에 일에 집중할 수 있었거든요."

● 새로운 사람들을 많이 만난다

혼자 여행하면 훨씬 더 많은 사람들을 만나게 된다. 부부 또는 여럿이 함께 여행하면 자기들끼리만 어울리기 쉽다. 동행자가 하나만 있어도 사람들은 말을 거는 것을 주저하게 된다. 혼자 다니면 다른 여행자들이나 현지인들과 스스럼없이 만나게 되고 때로는 로맨틱한 추억도 만들 수 있다.

로라는 오토바이광으로 혼자서 여행할 때도 있고 그룹과 함께 움직일 때도 있다. "혼자 여행하면 새로운 사람들을 많이 만나게 됩니다. 오랜 친구도 좋지만, 새로운 친구를 마다할 이유가 없지요."

좋든 나쁘든, 알래스카에 온 뉴저지 사람이든 아르헨티나를 여행하는 한국인이든, 낯선 곳을 찾아온 이방인은 눈에 띄게 마련이다. 현지 주민이 여행자에게 호기심을 느껴 말을 걸고 싶어하는 것은 당연하다. 어떤 이는 지도를 들여다보고 있는 여행자에게 다가가 방향을 일러주기도 하고, 여행자를 저녁 식사에 초대하여 자기 집에서 가족들과 더불어 외국어로 대화를 나누고 싶어하는 사람도 있을 것이다. 개중에는 단순히 시간을 때우기 위해 여행자와 함께 여기저기 돌아다니는 이도 있을 것이다.

혼자서 여행하다 보면 아무리 내성적인 여행자라도 사람들에게 먼저 다가가서 말을 걸어야 할 때가 있다. 그러노라면 자신이 생각했던 것보다 훨씬 외향적이며 사람들과도 잘 어울린다는 것을 알게 될 것이다. 그래서 솔로여행은 외롭지 않다.

● 강해지고 성숙해진다

당연히, 솔로여행은 정신적 육체적으로 더 많은 에너지를 필요로 한다. 어려움을 극복하고 위험한 상황에 빠지지 않으려면 주변 상황을 빈틈없이 파악하고 개인 소지품을 늘 챙겨야 한다. 그러나 이런 부담은 솔로여행이 주는 보상에 비교하면 아무것도 아니다.

여행의 모든 것을 자신이 책임져야 하는 여행자는 여러 가지 상황에 대처해 나가는 과정에서 스스로 배우고 저절로 강해진다. 멕시코시티의 지하철에서 길을 잃거나 낯선 덴버에서 식중독에 걸릴 수도 있는 것이다. 어떻게든 난국을 이겨낸 여행자는 스스로 해결하지 못할 일은 없다는 것을 깨닫게 되면서 극도의 성취감을 느낄 것이다.

서른한 살에 남편과 이혼한 스잔은 곧바로 짐을 꾸려 트레일러밴으로 일년 동안 미국의 시골길을 찾아다녔다. 스잔은 이 여행에서 세 가지 원칙을 세웠다. 밤에는 절대 운전하지 않고, 하루에 350킬로미터 이상 달리지 않고, 간선 고속도로를 이용하지 않는 거였다. 길 떠나고 얼마 지나지 않아 그녀는 어느 순간 자신이 정말로 혼자라는 사실을 뼈저리게 느꼈다. "견딜 수 없이 외로웠습니다. 나는 길 한쪽에 차를 세우고 운전대 위에 이마를 대고 잠시 엎드려 있었습니다. 그리고는 주먹을 쥐고 '나는 할 수 있어!' 하고 큰 소리로 말했지요." 그것으로 충분했다. 그녀는 정말 할 수 있었다. 아니, 그 이상을 해냈다. 그로부터 25년이 지난 지금, 스잔은 단체여행객을 인솔하여 세계 곳곳을 누비고 다닌다. 방콕에서 영어를 가르치며 한동안 살기도 했고 3개월 동안 혼자서 칠레 해안을 따라 카약 여행도 했다.

- 최적경험, 그 완벽한 순간

서명한 심리학자인 칙센트 미하이는 《몰입: 최적경험의 심리학》이라는 저서에서 등산, 그림, 축구, 그 무엇을 하든 완전히 몰입하는 것을 '최적경험'이라고 했다. 고인이 된 배우 스팔딩 그레이는 이것을 일컬어 '완벽한 순간'이라 한 바 있다.

무어라 부르든, 많은 사람들이 이런 순간을 여행에서 경험하고 있다. 이것은 전혀 새로운 경관, 소리 또는 냄새를 접할 때 일어나는 최고의 경험이나 일련의 사건을 말한다. 온 우주가 당신을 도와주는 것이다. 예를 들면, 여행 중에 경비를 분담하면 좋겠다는 생각이 드는 순간 꼭 알맞은 사람이 나타나는 것이다. 또는 집 생각이 정말 간절할 때 생면부지의 누군가가 당신을 자신의 집으로 초대해 저녁을 대접할 수도 있다.

다른 사람들과 함께 있을 때는 최적경험의 기회가 그리 쉽게 나타나지 않는다. 또, 나타난다 하더라도 이 같은 놀라운 순간을 잘 알아채지 못할 수 있다. 프랑스 남부 지방을 6개월 동안 돌아다닌 콜린은 동행자가 있으면 때로 몹시 산만해진다는 것을 알게 되었다.

"혼자 있을 때는 경험을 100퍼센트 흡수할 수 있습니다. 있는 그대로 보고 듣고 느끼게 되지요. 그런데 누군가 옆에 있으면 자꾸 놓치게 됩니다. 옆의 사람과 이야기도 해야 하니까요. 또 일행 중에 기분이 저조한 사람이 있으면 하루를 완전히 망칠 수도 있습니다."

런던에서 2년 동안 근무하는 동안 틈틈이 유럽을 여행한 메리 크리스는 여행 중에 최적경험을 하고 있다는 느낌이 들곤 했다.

"유럽 어디를 가든 '와! 바로 이거야!', '내게 이런 일이 일어나다니 믿을 수 없어!' 하는 순간이 올 거라는 걸 알았어요. 프랑스 르아르 계곡에서 첫 최적경험의 순간을 맞았습니다. 나는 키 큰 나무들이 줄 지어 서있는 오솔길을 걷고 있었습니다. 길은 온통 낙엽으로 덮여 있었어요. 그때 저만큼 앞에 꼭 동화에 나올 것 같은 성이 나타났습니다. 전율이 일더군요. 조카가 그 자리에 있었으면 참 좋았을 거예요. 동화 속의 성이 실제로 있다는 것을 알게 되었을 테니까요."

나 또한 최적경험의 순간들 때문에 여행에 중독되었다. 극적인 경험에서 오는 완전한 기쁨을 맛보기 위해 나는 또 다른 세상으로 떠나는 것이다.

에린의 이야기

| 저는 오래 전에 어머니와 남동생 그리고 이모와 함께 크루즈 여행을 한 적이 있는데, 그것이 계기가 되어 여행에 관심을 갖게 되었습니다. 그 여행에서 나는 승무원들과 아주 친해졌습니다. 하루는 루마니아 친구들이 한밤의 갑판으로 나를 초대했어요. 우리는 밤을 꼬박 세워가며 이야기를 나누었습니다. 나는 루마니아의 문화와 크루즈 여행에 대해 많은 것을 알게 되었습니다. 갑판에 앉아 망망대해를 바라보면서 나는 내가 경험하지 못한 거대한 세상이 있다는 것을 알게 되었습니다.

| 몇 년 전에 돌아가신 아버지 생각이 많이 나더군요. 문득 인생이 너무 짧다는 생각과 함께 원하는 삶을 살기 위해선 어떤 위험도 무릅써야 한다는 생각이 들었습니다.

| 나는 비행기라는 소리만 들어도 벌벌 떠는 사람이었는데, 크루즈 여행사의 취직시험을 보려면 시애틀에서 마이애미까지 비행기를 타야 했습니다. 비행기 타기가 무서워 시험을 포기한다면 평생 동안 후회할 것 같았어요. 마침내 나는 그 회사에서 일하게 되었습니다.

| 한 번은 진수식 때문에 프랑스로 출장을 가야 했습니다. 금지옥엽으로 자랐던 저는 그때까지 미국을 떠난 적이 없었어요. 혼자서 해외여행을 떠난다고 생각하니, 몹시 두려웠습니다. 그렇지만 그때가 독립심을 키울 수 있는 기회라는 것을 알고 있었습니다. 적응하기까지 많은 시간이 걸린다는 것도 각오했지요.

| 삶에서 진정으로 원하는 것을 위해서라면 어떤 두려움도 극복할 수 있다는 것이 정말 놀라웠습니다.

| '나 혼자'라는 것이 큰 힘이 되었습니다. 중요한 것에만 집중하고 사소한 일은 걱정하지 않는 법을 배웠습니다. 그 경험을 통해 나는 완전히 달라졌습니다. 이제는 식당에서 식사하는 것부터 공원 산책까지 혼자인 것이 오히려 더 편합니다.

| 나 홀로 여행을 하면서 내성적인 성격이 많이 바뀌었습니다. 외국에서의 경험이 일상 생활에 용기를 줍니다.

2
목적이 분명한 여행이 더 즐겁다

어느 날 아침 무작정 집을 나서 기차를 탄 적이 있는가? 또는, 당신의 오감을 열어주고 삶을 바꾸어줄 여행을 기대하면서 꼼꼼하게 계획을 세웠던 적이 있는가? 여행의 본질은 완전히 다른 환경으로 걸어 들어가는 것이어서 당신은 전혀 새로운 각도에서 세상을 보게 된다. 당신의 꿈과 관심사를 최우선으로 고려하여 계획을 세우자. 그 계획을 따라가다 보면 당신은 어느새 의미 있고 유익한 여행을 즐기고 있을 것이다.

- 여행의 목적

  좋아하는 취미나 관심사에 중점을 두어 여행을 계획하면 목적의식을 느낄 수 있다. 나는 음악을 좋아해서 어디를 가든 현지 최고의 음반 전문점을 뒤져 전통악기와 음악을 찾아낸다. 그러면 귀국해서도 계속 즐길 수 있는, 최고의 기념품이 된다.

  | 요리를 좋아하는 사람은 그 지역의 특선 음식을 담은 요리책이나 현지 식당의 요리책을 구할 수 있을 것이다. 보다 적극적인 활동을 원한다면 현지의 전통 무용을 중심으로 춤을 배우거나 현지 언어를 배우자.

  | 일상에서 당신이 몰두하는 것, 또 당신을 즐겁게 하는 것은 무엇인가? 바로 그 관심사를 여행에 적용해보자. 그것만으로도 어느 정도 마음이 편안해지고 자신감이 생길 것이다. 그런 상태에서 새로운 환경에 들어가면 마음이 열려 세상을 새롭게 인식하게 된다.

  | 무엇을 하든 상관없이 어떻게 할 것인가를 생각하라. 본격적인 모험도 좋고 가벼운 모험도 좋고 아니면 긴장을 풀어주는 느긋한 휴식도 좋다. 이것들을 섞고 조합하고 결합하여 마음껏 즐기자.

- 모험여행과 체험여행

  모험여행 하면, 흔히 스릴을 즐기는 사람들을 연상하게 된다. 육체적인 활동을 요구하는 경우가 대부분이어서 체력과 적극적인 참여가 필요하다. 모험여행은 대체로 오지에서 이루어진다. 위험하다는 생각에 몸을 사리는 사람들도 있겠지만, 운동 마니아나 야외활동 애호가에게는 새로운 무대를 경험할 수 있는 완벽한 방법이 될 수 있다.

| 콜로라도에서 5천 미터 높이의 산을 오르거나 알프스 산길을 자전거로 달린다고 상상해보자. 예산이 넉넉하든 빠듯하든 모험여행을 마친 후에는 뿌듯한 성취감을 느낄 것이다. 어쩌면 지치기도 할 텐데, 여기저기가 쑤신다는 것은 그만큼 힘든 일을 해냈다는 징표이니 즐거워할 일이다.

| 진정한 의미의 모험여행을 걸스카웃 캠핑 정도로 생각하면 곤란하다. 철저히 준비해서 위험에 대비해야 한다. 스잔은 카약으로 3개월 동안 칠레 해안을 따라 항해한 경험이 있다. 모험을 떠나기 전에 그녀는 여행 중에 자신의 생명을 앗아갈 수 있는 위험이 무엇인지 곰곰 생각하고 그것에 대서하는 계획을 세웠다. 스잔이 제일 걱정했던 것이 과연 무엇이었을까? "아무리 노를 저어도 카약이 수평으로 뜨지 않고 뒤뚱대는 거였어요." 위험한 상황에 빠지지 않으려면 조심 또 조심할 일이다. 특히, 혼자일 때.

| 흔히 체험여행이라 불리는 가벼운 모험여행은 땀을 덜 흘리면서 현지의 문화, 야생동물 그리고 자연을 가까이에서 때로는 직접 접하는 여행이다. 이런 종류의 여행은 안전지대를 크게 벗어나지 않으면서 새로운 지역을 체험하는 데 좋은 방법이다.

| 산에 가볍게 오르거나 새를 관찰하는 것. 알래스카의 프린스 윌리엄 사운드 만을 도는 유람선 갑판에 서서 요란한 소리를 내며

갈라지는 빙하를 보는 것은 어떨까? 사파리여행도 좋은 예이다. 현지에서 진행되는 강좌나 워크숍에 참석하여 그 지역의 문화에 대해 배우는 것도 체험여행에 포함된다. 요리강습에서부터 사진 워크숍, 건축물 탐방여행에 이르기까지 체험여행은 다양하다.

— **도보여행** 흔히 하이킹이라 불리는 도보여행은 여행자가 자신의 두 발로 걸어서 여행하는 것으로 자연 경관과 야생동물 그리고 현지 마을과 사람들을 가까이에서 경험할 수 있다. 야외활동을 즐기는 사람에게 도보여행은 새로운 장소를 탐험하는 데 최적의 방법이다. 도보여행은 도심 걷기에서부터 산이나 들판으로 이어진 트레일을 따라 하루 또는 수주일 걷기에서부터 전국을 걸어서 여행하는 것까지 다양하다.

| 유럽은 각 나라를 이어주는 트레일이 잘 발달되어 있다. 도심 산책로를 갖춘 도시도 많이 있다. 도보여행자는 다양한 지역을 넘나들며 날마다 달라지는 언어와 경치를 즐기게 된다. 스페인의 카미노 데 산티아고 같이 오래 된 순례길을 걸으면 보다 특별한 체험을 할 수 있다.

| 뉴질랜드는 하이킹이 특히 유명한 나라인데, 현지에서는 트렘핑tramping이라 부른다. 아름다운 해변가에 솟아오른 험한 바위산과 화산으로 이어지는 길을 걷노라면 뉴질랜드 사람들이 수많은 야외 활동 중에서 트렘핑을 최고로 꼽는 이유가 무엇인지, 고개가 끄덕여질 것이다.

아시아와 인도 아亞대륙에는 이 세상에서 가장 유명하고 숨막히게 아름다운 산들이 있다. 비교적 쉬운 산행에서부터 고지 마을로 이어지는 구불거리는 길을 걷는 트레킹, 히말라야 봉우리를 오르는 고산 등반까지 선택의 폭이 넓다.

어디를 걷든 정치적으로 안정된 곳을 선택하는 것이 안전하다. 멀리 떨어진 곳일수록 사회적 불안 요소와 소요 사태에 대해 정확한 정보를 구하기 어렵다. 오지를 혼자 여행하고자 할 때는 다른 사람들의 경험담에 귀를 기울이고 온라인 포럼이나 블로그에 접속하여 최근에 그 지역을 다녀온 여행자들로부터 정보를 얻을 것을 권한다. 만약 솔로여행이 안전하지 않다면 도보여행 전문여행사를 이용하자.

★ 도보여행 관련 전문 단체

도보여행 계획을 세울 때 도움이 되는 단체를 살펴보자. 우선 트레일즈닷컴 www.trails.com이 있다. 이곳에는 미국, 캐나다, 멕시코, 카리브해 전역의 트레일과 지형에 대한 광범위한 정보가 수록되어 있다. 지도를 이용하려면 유료 회원으로 가입해야 하는데, 2주일 간 제공되는 무료이용 기간 중에 자료를 검색할 수 있다.

아메리칸 하이킹 소사이어티 www.americanhiking.org는 트레일 정보 외에 북미에서 열리는 이벤트와 자원봉사 정보도 검색할 수 있다.

유럽으로 눈을 돌려보자. 유럽 램블러협회의 웹사이트 www.era-ewv-ferp.org는 유럽의 11개 장거리 트레일에 대한 정보를 담고 있다. 또한 오스트리아에서 슬로베니아에 이르기까지 27개 국가의 트레일과 각국의 주요 연락처를 망라하고 있다.

— **자전거여행** 고흐의 그림에 등장하는 프랑스 남부 시골 마을의 한적한 길을 자전거로 달려보자. 복잡한 인도 거리를 곡예하듯 요리조리 빠져나가는 자전거는 생각만 해도 즐겁다. 물론 자전거를 꾸리려면 등산화를 신는 것보다 힘은 더 들겠지만 말이다.

| 여행지에 자신의 자전거를 가져가면 경비도 부담스럽지 않고 융통성도 있다. 헬멧, 장갑, 라이딩 전용의류와 가방 등만 챙기면 기차나 버스, 택시에 돈을 쓸 필요가 없고 대중교통을 이용하느라 시간에 얽매이지 않아도 된다. 단, 상황에 따라 집에서 여행 출발점까지 또 반대 경로로 자전거를 운송해야 하는 번거로움을 감수해야 한다.

| 자전거여행지로 인기가 높은 곳으로 미국 동북부와 서부 해안 지역, 뉴질랜드, 이탈리아, 프랑스, 아일랜드를 꼽을 수 있다. 그렇지만 자전거의 미덕은 어디서든 탈 수 있다는 것이다.

| 자전거여행은 생각만 해도 좋지만 그에 따르는 이런저런 것들을 스스로 준비하는 것이 부담스러우면 여행사의 도움을 받는 것이 좋다. 이들 여행사의 자유여행 상품을 이용하면 자신이 직접 정한 일정에 맞추어 여행사가 식사와 호텔을 예약해준다. 패키지여행을 제공하는 여행사도 물론 많이 있다. 어느 쪽을 택하든 여행자의 신상이나 자전거에 문제가 생길 경우에는 지원 차

량을 이용하게 된다.

자전거여행을 전문으로 하는 여행사가 많이 있지만 그 중에는 특별한 서비스를 제공하는 곳도 있다. 예를 들어 두바인 어드벤처 www.duvine.com는 요가를 결합한 자전거여행 상품을 선보이고 있다. 어드벤처 사이클링협회 www.adventurecycling.org에는 북미의 자전거 도로 자료가 수록되어 있다.

자전거 모험을 나서기에 앞서 수주에서 수개월에 걸쳐 지구력과 체력을 길러야 한다. 여행지의 지형도 공부해야 한다. 먼지가 풀풀 나는 길인지, 구불거리는 산길인지, 아니면 도시의 복잡한 거리인지? 자신에게 맞게 자전거를 튜닝하고 타이어 펑크와 장비 문제, 체인과 브레이크 고장에 대처하는 법을 익혀야 한다.

집에서부터 직접 사선서로 출발하는 것이 아니나먼 상자에 자전거를 포장하여 목적지로 보내야 한다. 크레이트 워크 www.crateworks.com에서 나온 기성품 상자가 추천할 만하다. 또는 자전거 전문용품점에 운송을 의뢰할 수 있다. 미국의 경우 자전거를 비행기에 실으려면 추가 요금을 물어야 하는데 항공사에 따라 요금이 다르다. 철도와 버스 이용 시에도 추가요금을 내야 한다.

현지에서 자전거를 대여하는 방법도 있다. 장기 여행에서는 목적지에서 자전거를 구입하여 여행을 마친 후에 되팔아도 된다. 이때도 평소 사용하던 안장을 가져가는 것을 잊지 말자. 물론 자기 자전거만큼 편안하지는 않겠지만 자전거를 끌고 다니거나 짐으로 부칠 필요가 없으니 출발지점까지 한결 편안하게 여행할 수 있다.

— **야외 스포츠** 윈드서핑이나 골프 같이 자신이 좋아하는 야외 스포츠를 마음껏 즐기면서 운동을 중심으로 여행을 계획하면 휴가 중에 살이 찌는 일은 없을 것이다. 나 홀로 여행 중에 같은 운동을 즐기는 사람들을 만나면 인맥을 넓히는 데 도움이 된다.
배우고 싶은 운동이 있다면 여행을 떠나기 전에 레슨을 받는 것이 좋다. 그렇지만 경우에 따라 사전 레슨이 어려울 수도 있다. 예를 들어 내륙에 사는 사람은 아무리 원해도 스쿠버 다이빙을 배울 수 있는 기회가 거의 없다. 그렇다면 카리브 해에 면한 벨리즈로 여행을 떠나자. 거기 변화무쌍하고 경이로운 바다에는 초보라도 다이빙 자격증을 딸 수 있는 기회가 어마어마하게 많다. 다만 한국인이 벨리즈에 입국하기 위해서는 입국 비자를 국경에서 받아야 한다.

★ **장비 챙기기**

떠나기 전에 넉넉하게 시간을 두고 여행에 필요한 물품의 목록을 작성하자. 관심 있는 장비를 취급하는 여행용품점이나 인터넷 매장을 검색한다. 여행에 편리한 용품을 새로 발견할 수도 있고 깜빡 잊고 꾸리지 못한 것이 생각날 수도 있다. 부피가 큰 물건은 빼놓고 가자. 없는 대로 지내보는 것도 좋고 현지에서 빌려도 된다. 멕시코 스노클링 여행 때 나는 부피가 큰 오리발은 집에 두고 마스크와 스노클만 꾸렸다.

목적지에 도착하면 장비에 더욱 세심한 주의를 기울여야 한다. 낯선 곳에서 처음 쓰는 공기탱크에 의지하여 물 속에 들어가거나 안전을 장담할 수 없는 곳에서 서핑을 시도하려면 장비를 믿는 수밖에 없다. 장비가 제대로 가동되는지 확인하고, 가능하다면 다른 여행자와 팀을 짜서 서로 돌봐주는 방법도 생각해보자.

- 단체여행과 솔로여행

시간이 많지 않을 때 단체여행에 합류하면 한 지역에서 많은 관광지를 손쉽게 둘러볼 수 있다. 패키지여행을 이용하면 개인은 들어갈 수 없는 지역을 볼 수 있을 뿐만 아니라 번거롭게 계획을 세우지 않아도 여행을 즐길 수 있다.

여행을 처음 떠나는 경우, 패키지여행을 선택하면 문제가 발생할 때 도움을 쉽게 받을 수 있어 안전하다. 그 경험을 바탕으로 솔로여행을 계획하게 되는 수도 있다.

솔로여행에서 불리한 것은 싱글룸 추가요금이다. 호텔 객실은 2인을 기준으로 요금이 책정되므로 방을 혼자 사용하는 데 대한 추가요금이 부과되는 것이다. 실질적으로 2인 요금을 내는 셈이다. 숙박비가 저렴해서 추가요금이 대수롭지 않으면 대충 이용할 수 있지만 웬만한 호텔에서는 부담이 될 것이다.

조기 예약을 하면 여행사에 따라 다른 솔로여행자를 연결시켜 주거나 추가요금을 청구하지 않는 곳이 있다. 만약 추가요금을 요구하는 여행사를 택했다면 무료식사나 음료 등 다른 혜택이 있는지 알아보자.

| 아이 익스플로어www.iexplore.com는 솔로여행자들이 보다 부담 없는 경비로 여행을 할 수 있도록 싱글룸 추가요금을 낮추었다. 또한 출발일자와 일정을 최대한 탄력적으로 운용할 수 있는 개인여행 상품을 제공하고 있다.

| 솔로 트레블 네트워크www.cstn.org는 솔로여행자들이 서로의 경험을 공유하고 여행 중에 발생하는 1인 추가요금 부담을 막기 위해 여행자들을 연결해주고 있다. 낯선 사람과 함께 여행하려면 불안한 마음이 들겠지만 한계를 명확하게 그으면 큰 문제는 일어나지 않을 것이다. 수백 달러를 아낄 수 있다면 그 정도의 부담은 기꺼이 감수해야 할 것이다.

| 여성 전용 상품을 제공하는 여행사도 눈여겨볼 만하다. 이들 상품은 다양한 활동을 제공하는 것이 특징인데 난이도와 편이성의 수준도 다양하여 선택의 폭이 넓다. 그런가 하면 여성들의 주요 관심사를 겨냥한 여행을 제공하는 곳도 있다. 내셔널 지오그래픽 트레블러의 객원 편집자인 버니스 노튼붐이 운영하는 모키트렉www.mokitreks.com이 좋은 예이다. 모키트렉에서는 '영혼을 위한 휴가'라는 이름에 걸맞게 문화적 요소가 강한 여행에 다양한 난이도의 모험을 결합한 상품을 제공하고 있다. 버니스의 경험에 따르면 "여성은 토착 문화에 특별한 관심을 가지고 있다"고 한다. 모키트렉 고객의 대부분이 여성인 것은 그 때문이다.

인터넷을 검색하면 여성 전용 여행에 대한 더 많은 정보를 얻을 수 있다. 이 책의 저자인 내가 운영하는 '원더러스트와 립스틱 www.wanderlustandlipstick.com'도 참고가 될 것이다.

55세 이상의 노년층을 위한 여행을 기획하는 곳도 있다. 엘더 호스텔www.elderhostel.org이 소개하는 프로그램에 참여하면 특색 있는 지역과 독특한 활동을 중심으로 생각이 같은 사람들과 여행할 수 있다. 엘더 호스텔은 비영리 단체로서 동남아시아의 메콩강 삼각주 같이 색다른 곳을 찾아가는 여행에서부터 멕시코에서의 '죽음의 날' 체험 같은 문화여행에 이르기까지 다양한 프로그램을 제공하고 있다. 요금은 집에서 목적지까지의 왕복 교통요금을 제외하고 모든 것이 포함되는 경우가 대부분이다.

기회가 생길 때마다 여행을 즐기는 80대 중반의 밀드레드는 엘더 호스텔 프로그램에 여러 차례 참가했다. "엘더 호스텔에서는 나 홀로 여행과 단체여행을 동시에 즐길 수 있습니다. 관광지를 둘러보는 것은 물론이고 다양한 프로그램과 강습을 들을 수 있답니다. 음악이든 자연 강좌든 늘 재미있습니다. 음식도 맛있고 건강에도 좋고 또 푸짐하더군요. 그곳 여행은 정말 해볼 만합니다."

★ 유익한 단체여행

배낭여행 정도의 예산으로 호주 북부 지방을 여행하던 때였다. 카카두 국립 공원은 단체가 아니면 입장할 수 없었다. 나는 별로 내키지 않았지만 3일 일정의 단체여행에 참가했다.

> 우리 일행은 다행히도 현지 사정에 밝고 호주인 특유의 모험감각을 가진 가이드를 만났다. 지프차를 타고 먼지가 풀풀 나는 길을 덜컹거리며 내려가고 있었는데 어느 지점에 이르자 가이드가 차를 길가에 세우더니 차에서 뛰어내렸다. 잠시 후 숲속에서 나온 가이드는 목에 주름이 많은 도마뱀 한 마리를 손에 들고 있었다. 우리 일행은 돌아가며 가시투성이 도마뱀을 만져보았다. 두렵고도 즐거웠던 도마뱀의 기억이 아직도 또렷하다. 그후 나는 현지에 정통한 가이드만 있다면 단체여행 요금을 놓고 이러쿵저러쿵하지 않게 되었다.

● 휴양여행

우리의 삶에서 꼭 필요한 것이 재충전과 휴식이다. 이 두 가지를 가져다주는 것이 바로 여행이다. 그동안 열심히 일했으니 조용히 쉬고 싶은 사람들이 있는가 하면 오랜만에 사무실 책상에서 벗어나 활발하게 몸을 움직이고 싶은 이들도 있을 것이다. 어떤 경우든 해변이나 산속의 작은 통나무집에서 며칠 지내고 집에 돌아오면 한결 생기가 돌 것이다.

— **스파** 소금 마사지, 요가, 승마, 골프라는 말에 귀가 솔깃해진다면 전세계 어디에나 있는 스파나 리조트를 찾아 나서면 된다. 스파는 온천 같이 물을 이용한 건강관리 시설로 피부미용에서부터 심신 안정, 섭생, 자연요법에 이르기까지 다양하고 전문적인 서비스를 제공한다. 스파는 도심 내에서 하루 동안 스파를 즐길 수 있는 데이 스파, 전문 스파 서비스와 피트니스, 음식 등 다양한

패키지를 제공하는 호텔이나 휴양지 형태의 리조트 스파, 그리고 장기간 머무는 체류형 스파인 데스티네이션 스파로 나눌 수 있다. 스파 파인더 www.spafinder.com 는 전세계에 걸쳐 5천여 개의 리스트를 제공하고 있다. 사이트 운영자 수지 일리스의 말을 들어보자. "솔로 여성여행자에게 데스티네이션 스파는 완벽합니다. 식사와 모든 서비스가 전부 포함되어 있으니까요."

— **나만의 휴양지** 예산이 넉넉하지 않다면 나만의 스파식 휴양지를 만들어보자. 우선 자신이 제일 편안하게 느끼는 환경이 어디인지 생각해보자. 해변 또는 호숫가의 오두막집? 아니면 스키 산장? 적은 예산으로 자신이 좋아하는 숙소를 예약하여 멋진 휴식을 즐겨보자. 요가 CD나 DVD 한 장, 허브 차 약간, 그리고 몇 권의 책을 들고 도시와 문명을 잠시 떠나는 것이다. 거울철에 책을 한 아름 들고 숲속으로 들어가 작은 오두막의 난롯가에서 하루 종일 책을 읽는 것은 어떨까? 가까이에 온천이나 스파가 있는 곳이면 더욱 좋겠다. 비싼 패키지요금을 물지 않고 온탕과 마시지를 즐길 수 있으니까.

— **하루는 여왕처럼** 여행기간 중 해변에서 하루를 보내면 기분전환에 좋다. 또는, 예산이 허락한다면 호화스런 수영장을 갖춘 고급 호텔에서 하루를 여왕처럼 지내보자. 동남아시아 배낭여행 중 방콕의 그 유명한 만다린 오리엔탈 호텔에 하루 머물며 야외 수영장에서 지냈던 시간은 지금 생각해도 느긋해진다.

- 취미여행

집에서 늘 즐기는 특정한 취미가 있다면 여행 중이라고 해서 포기할 이유가 없다. 오히려 여행지에는 더 많은 기회가 있어서 자신이 좋아하는 오락거리나 취미활동을 마음껏 즐길 수 있다.

— **사진 촬영** 오로지 사진을 찍을 목적으로 여행에 나서는 열정적인 사람들이 많이 있다. 여행의 추억과 함께 근사한 사진들을 집에 가져오면 온·오프 슬라이드 쇼, 앨범, 또는 멋진 액자에 담아 다른 사람들과 나눌 수 있다. 내가 개인적으로 좋아하는 사이트는 마이 퍼블리셔 www.mypublisher.com 이다. 사진을 업로드할 수 있고 자신만의 앨범을 디자인하면 책처럼 출력도 가능하다. 사용자 인터페이스도 어렵지 않고 배송도 빠르다. 플리커 www.flickr.com 등 온라인 커뮤니티에 사진을 올리면 보석 같은 디지털 사진을 전세계 사람들과 공유할 수 있다.

10장 〈현명한 짐 꾸리기〉와 11장 〈첨단 하이테크 기기와 적절한 소품 이용하기〉에서 사진과 관련된 정보를 참고하자.

에이미의 이야기

| 차茶에 대해 공부할 목적으로 인도에서 6개월 동안 머물렀던 적이 있습니다. 차와 관련하여 내가 알고 있었던 것은 이메일 주소 몇 개가 전부였습니다. 그 사람들을 통해 차 전문가를 만날 생각이었지요. 인도에 도착한 지 한 달도 지나지 않아 뉴저지의 집에 가면 차 전문점을 내야겠다고 마음을 먹었습니다. 인도에서 첫 5개월을 자료조사만 하며 보냈습니다.

| 차를 재배하는 농원이 무려 8백 곳이 넘는 아쌈주州 구와하티에서 대규모 농장의 책임자를 만나게 되었습니다. 그는 나를 여러 사람들에게 소개해주었어요. 그러다가 결혼식에도 한 번 초대되어 더 많은 사람과 알게 됐습니다. 그들 덕분에 나는 차 농장을 정말로 많이 구경했답니다. 내가 여자라서 그런지, 모두들 저를 도와주려고 했어요. 혼자 여행 다닌다며 많이 염려하더군요.

| 나는 2년 정도는 걸려야 받을 수 있는 국제 차 석사 학위를 6개월 만에 받은 기분이었습니다.

| 저는 여행자들에게 춤, 문화, 도자기, 그 무엇이 됐든 정

말로 집중해서 즐길 수 있는 것을 찾으라고 권하고 싶습니다. 그러면 단순히 여행을 위한 여행이 아니라 목적이 있는 여행을 할 수 있습니다. 이런 목적의식은 특히 인도 여행에서 큰 도움이 됩니다. 인도는 6백 개가 넘는 언어에 주만 해도 30개에다 지형도 가지각색이고 먹는 것 입는 것도 온갖 종류가 다 있는 곳이니까요. 그것들 전부가 우리의 삶이긴 하지만 그 모든 것들을 한꺼번에 다 가질 수는 없는 법이지요. 한 가지에 집중하는 것, 그 것이 내게 정말 큰 도움이 되었습니다.

— **탐조探鳥** 나는 국내에서는 새에 관심이 전혀 없었는데 코스타리카를 여행하던 중에 새에 매료되었다. 탐조에 필요한 것은 망원경과 약간의 인내가 전부이다.

| 몬테베르데 운무림 보존지구의 조류보호지역에서 나는 몇 시간 동안이나 꼼짝 않고 앉아서 사람들이 주는 먹이에 꾀여 머리에 닿을 듯이 겁도 없이 날아다니는 벌새들을 지켜보았다. 내 방 창문에 기대 서서 숙소 마당에 서있는 나무에 높이 앉아있는 큰부리새도 보았다.

| 성공적인 탐조를 위해서는 행운도 따라야 하지만 무엇보다 그 지역에 정통한 가이드가 있어야 한다. 희귀한 새 둥지나 깊은 숲속에서만 볼 수 있는 꼬리가 유난히 길고 화려한 케트살 같은 희한한 새들은 가이드의 도움 없이는 보기 어렵다.

들새 관찰을 위한 패키지 여행은 뉴저지에서 에티오피아까지 전세계에 걸쳐 가능하다.

— **야생동물 관람** 자연 서식지에 살고 있는 야생동물을 구경하고 촬영하는 것이 세계적으로 유행하고 있다. 혼자 여행을 다니면서 캐나다의 브리티시 콜롬비아에서 둥지를 틀고 있는 독수리나 멕시코의 침엽수 숲속에서 왕나비를 구경하는 것은 그리 어렵지 않다. 여행을 계획하고 있는 목적지에서 볼 수 있는 야생동물을 인터넷에서 검색해 보자. 또는 자신이 제일 좋아하는 야생동물을 볼 수 있는 곳으로 여행을 떠나자. 야생말들 속에서 시간을 보내고 싶다면 야생말로 유명한 미국 대서양 연안의 애서티그 섬으로 캠핑여행을 떠나면 된다. 이곳은 계획을 세우기도 쉽고 실행하기노 비교석 쉽다.

그렇지만 야생동물 구경이 늘 이렇게 쉬운 것만은 아니다. 세계 최고의 야생동물 서식지는 대개 사람이 사는 곳에서 멀고 접근하기 어려운 곳에 있게 마련이다. 아프리카 사파리를 떠올려보라. 그리고 가이드 없이는 관람이 어렵거나 아예 불가능한 경우도 왕왕 있다. 나는 가이드가 포함된 투어와 공원 측에서 무료로 제공하는 설명회에 여러 번 참여했다. 그 덕분에 야생동물에 대한 지식을 늘릴 수 있었을 뿐만 아니라 실제로 엄청나게 많은 동물들을 보았다. 내 눈에는 줄기와 잎만 보이는 나무 꼭대기에서 노련한 가이드는 보호색으로 위장한 세 발가락 나무늘보를 용케 찾아냈다.

— **음식여행** 맛있는 음식은 생각만 해도 기분이 좋아진다. 현지의 고유 음식과 음료 그리고 술을 맛보노라면 박물관을 둘러보는 것만큼이나 그 지역의 문화를 가깝게 느낄 수 있다. 더군다나 여성 혼자 여행하다 보면 현지인의 집에 초대되어 부엌을 둘러보고 음식 준비를 도울 수도 있어, 유례없는 경험을 하게 된다.

| 특정 지역의 음식과 와인을 즐기는 음식 체험여행이 근래 들어 빠르게 늘어나고 있다. 단순한 식도락가이든 요리의 명인이든 상관없이 이같은 음식여행가 대열에 합류할 수 있다. 로마의 경 식당에서 밀가루, 달걀, 치즈 따위로 만든 뇨끼를 맛보거나 싱가포르 야시장에서 꼬치구이 고기를 즐기기 위해 꼭 전문 감식가가 될 필요는 없다. 모험심, 그리고 어떤 것이든 기꺼이 맛보고 또 맛보고 다시 맛보려는 마음만 있으면 된다.

| 문화교류 전문가인 쉐릴은 사업상 중국을 자주 드나들어야 한다. 그녀는 종종 오리 머리와 혀, 코브라는 물론 통째로 요리된 거북이 새끼까지 대접받는다. 중국에서는, 특히 주인 바로 옆의 주빈 자리에 앉게 될 경우, 음식을 거절하면 예의에 어긋난다. 그녀는 나름대로 좋은 방법을 찾아냈다.

| "그동안 지켜보니 상에 차려진 음식을 전부 맛보지 않아도 크게 결례는 아니더군요. 그리고 식사하면서 대화가 길어지다 보면 어쨌든 음식이 없어지게 되어 있습니다."

음식여행을 떠날 계획이라면 4장 〈세부계획 짜기가 여행의 반〉을 참조하라.

| 음식 정보와 시식을 위한 여행을 계획한다면 그 지역의 음식에

대해 해박하고 정통한 정보를 가지고 있는 노련한 가이드가 관건이다. 미국의 뉴올리언스나 켈리포니아 소노마를 여행하게 된다면 뉴올리언스 음식과 역사 여행 www.noculinarytours.com 이나 와인 투어 www.beauwinetours.com 를 둘러보는 것도 좋겠다.

| 전문 요리사나 와인 전문가인 소믈리에 또는 케이크 전문가 파티셰에게서 기술을 배우려면 실습 위주의 주말 또는 장기 강습에 참석하자. 새로운 기술을 배우는 것은 물론 그 지역의 문화를 접할 수 있다.

— **자원봉사** 세상을 돌아다닐 수 있는 경제적인 여유와 자유를 가진 것에 대해 우리는 진정으로 감사하게 생각해야 한다. 그것은 소수만이 가진 행운으로 대다수의 사람들에게는 사치로 여겨지는 것이다. 여행지에 무언가 도움이 될 만한 일을 하면 여행자로서 큰 보람을 느낄 뿐만 아니라 지역 주민들에게도 도움이 될 것이다.

| 비영리 단체는 물론 많은 업체들이 전세계에 걸쳐 의미 있는 프로젝트를 계획하여 자원봉사의 기회를 제공하고 있다. 자연재해를 입은 지역에서 집을 짓거나 개발도상국가의 가난한 마을에서 땀을 뻘뻘 흘리며 우물을 팔 수 있다. 전문가라면 오지 마을 보건소에서 의료진으로 일할 수도 있다.

| 자원봉사 패키지 프로그램에 참여하려면 회비를 내야 한다. 그렇지만 지구 지킴이로서 다른 나라의 문화를 경험하고 단체에 소속되어 안전하게 프로젝트에 몰두하는 것은 그만큼의 가치가 충분하다.

크로스 컬쳐 솔루션 www.crossculturalsolutions.org 에서는 아프리카 가나에서 라틴 아메리카의 페루에 걸쳐 200여 가지의 자원봉사 프로그램을 제공한다. 1주에서 12주까지 다양한 기간의 프로그램이 있다. 국제연합 인간거주위원회가 주관하는 해비타트 www.habitat.org, 글로벌 자원봉사 www.globalvolunteers.com, 어스워치 www.earthwatch.org 를 통해 자원봉사 프로그램에 참여할 수 있다.

시간이나 경비를 따로 마련하지 않더라도 여행지에서 자원봉사를 할 수 있다. 고아원에 옷을 전달하거나 식수 현황을 알아보는 것은 전문가가 아니더라도 충분히 할 수 있는 일이다. 중요한 것은 기꺼이 도우려는 마음이다. 자신의 거주지와 자매결연을 맺은 기관이나 도시가 목적지에 있는지 확인하여 특별한 봉사의 기회를 갖는 것도 좋은 방법이다. 국제 자매결연도시 사이트 www.sister-cities.org 에서 정보를 구하자.

★ 내게 꼭 맞는 여행사 찾기

다음 문항을 참고하여 자신에게 알맞은 여행사를 알아보자.

● 여행상품에 내가 여행하고자 하는 목적지가 들어있는가?

● 경험이 많은 여행사인가?

● 다른 여행사와 가격이 비슷한가? 너무 저렴한 상품은 의심해볼 필요가 있다. 싼 게 비지떡이란 말이 있듯 저가 상품은 기본적인 내용이 부실할 수 있다. 다른 회사의 비슷한 상품과 기간과 편이성을 비교해 보자.

- 가이드가 얼마나 노련한가? 숙달된 프로인가, 아니면 대학을 갓 나온 신참인가?
- 가이드와 유료 고객의 비율이 어느 정도인가?
- 어떤 연령층의 여행자가 이용하는가? 성별은?
- 여행 내용이 요구하는 활동이 어느 정도인가? 내 체력으로 무난하게 소화할 수 있는가?
- 매일매일의 일정에서 내가 기대할 수 있는 것은 무엇인가?
- 필요한 특수 용품이나 장비를 제공하는가?
- 과거 고객들의 피드백을 참고할 수 있는가?

● 일과 여행

일상에서 새로운 경험과 모험을 하기 위해 자국 내에서 지역을 옮기거나 아예 다른 나라에 취업하는 여성들이 늘고 있다. 융통성 있는 직장에서는 장기 휴가가 가능하기 때문에 계절 또는 임시 취업으로 여행경비를 충당할 수 있다. 직원들에게 다른 도시나 외국의 근무처에서 일정 기간 동안 일할 수 있도록 기회를 제공하거나 심지어는 권장하는 직장도 있다. 이같은 선택권이 없는 직장이라면 자신이 여행하고 싶어하는 지역에서 일자리를 찾아낸 후 직장을 그만 두는 방법도 있다.

어느 여름, 나는 알래스카의 통조림 공장에서 일하기 위해 뉴저지의 집을 나섰다. 그곳의 보수가 아주 후하다고 들었던 것이다. 당시 나는 아시아 여행을 위해 경비를 모으고 있었는데 내가 바라는 돈을 두둑하게 벌면서 알래스카까지 체험할 수 있다니, 그렇게 멋진 보너스도 없었다. 우리 일행은 프로펠러 비행기를 타고 브리스톨 베이 외진 곳으로 들어가 6주 동안 틀어박혀 연어와 씨름했다. 살 것도 갈 곳도 없는 곳이어서 일하는 것 말고는 달리 할 일이 없는 데다 식사도 무료로 제공되었기에 돈을 많이 모을 수 있었다. 조건이 썩 좋지는 않았지만 비행기를 타고 눈 덮인 산의 연봉 위를 날면서 오지의 툰드라를 탐험한 것도 배낭족이었던 나로서는 감히 기대하기 어려운 경험이었다.

계절 취업은 장기 계약이 아니므로 여행자에게 적절한 선택이 될 수 있다. 크랙스 리스트www.craigslist.org는 전세계에 걸쳐 취업을 비롯한 다양한 정보를 얻을 수 있는 사이트이다. 떠나기 전에 미리 일자리를 잡지 못했거나 여행 중에 더 머물고 싶은 곳이 생기면 유스호스텔의 게시판을 살펴보거나 임시 직업소개소를 찾아 취업의 기회를 알아보자.

애린은 크루즈 업계의 취업정보 책을 구입하여 수개월 동안 책에 나온 회사의 인사부에 연락을 취했다. 마침내 그녀는 퀸 메리 2호에 취직되어 먼저 다니던 직장을 그만 두고 집을 떠나게 되었다.

"직장의 재정적인 지원이 없는 한 여행은 거의 불가능합니다. 직장은 하나의 조직체이므로 그런 환경에 있다는 것만으로도 여행이 쉬워지지요. 모두가 같은 배에서 일하니 직장은 대가족과 같습니다. 또 아주 많은 사람을 알게 되기도 하구요."

● 다른 문화 배우기

그저 수박 겉핥기로 현지 문화를 접하는 것은 진정한 여행이라 할 수 없다. 더듬거리는 말이라도 나누며 현지인들과 즐겁게 어울리고 갖가지 문화 행사에 참석하여 그 지역에 가까이 다가가려고 노력하자.

| 오디오 여행 전문업체인 아이 저니의 대표 엘리즈 웨이너는 여행과 문화 체험이 삶에 미치는 영향을 체험을 통해 절감했다. 그녀는 열아홉 살의 나이에 9개월 동안 배낭을 메고 유럽 곳곳을 돌아보았다. "세상 속으로 들어가면 눈과 마음이 열립니다."

| 메리 조가 '이 세상 끝까지' 마다 않고 여행하는 이유는 사람들이 좋기 때문이다. "내가 제일 좋아하는 곳은 서구의 행동방식에 영향받지 않고 그들 고유의 문화를 그대로 간직하고 있는 곳입니다."

| 비록 세상 끝까지 가지는 못하더라도 오후 한나절 또는 저녁 시간에 큰 맘 먹고 현지의 문화를 즐기면 그곳 지역 사회와 역사를 더 잘 이해할 수 있게 된다. 타임아웃 www.timeout.com 에서는 아부다비에서 취리히에 이르기까지 많은 도시의 오락거리와 현지 정보를 전한다. 방문 도시에서 발행되는 영자 신문이나 잡지를 통해 또는 호텔이나 여행자 정보센터에 문의하여 행사 일정을 알 수 있다.

— **박물관** 박물관은 고고학에서 아메리카 인디언 미술에 이르기까지 과거와 현재의 문화를 엿볼 수 있는 곳이다. 어느 곳을 가든

박물관부터 관람하자. 박물관의 건축양식이 그 안에 전시된 영원한 예술품과 마찬가지로 지역의 문화를 대변하는 경우가 종종 있다. 파리의 루브르 국립박물관이 그 대표적인 예이다.

— **음악·춤·연극** 다른 지역이나 국가의 전통 또는 대표적인 음악과 무용을 체험하려면 머리를 싸매고 공부하느니 공연장을 찾아 나서자. 이들 공연장과 행사 정보는 인터넷을 통해 쉽게 알 수 있다. 또한 여행안내서와 여행 잡지에도 공연 정보가 나와 있다. 록이든 재즈든 전통음악이든, 자신의 스타일에 맞는 공연을 택하면 된다. 문화 체험과 저녁 식사를 결합시킬 수도 있다.

발리 섬의 원주민들은 매일 쏟아져 들어오는 관광객에게 그들의 전통을 잘 보여주는 한편, 자신들이 오랫동안 지켜온 종교적 믿음과 의식을 그대로 유지하고 있다. 이들 의식의 대부분이 사적인 데다 외국인들은 참석할 수 없기 때문에 원주민들은 춤과 음악으로 이루어진 저녁 공연에서 몇 가지 종교 의식을 보여주고 있다. 10달러도 채 안 되는 요금으로 관광객은 불에 달군 돌 위를 맨발로 걷거나 전통 타악기인 가믈란 연주를 야외 공연장에서 관람할 수 있다.

— **축제와 문화행사** 문화체험을 위해서는 축제와 문화행사 같은 특별 행사에 참가하는 것보다 더 좋은 방법은 없을 것이다. 전세계 곳곳에서 셀 수 없이 많은 축제가 벌어지고, 축제 기간 중에 특별한 공연을 개최하는 곳이 많다. 예를 들면, 호주의 이스트코

스트 블루스앤드루트 페스티벌, 보스턴 국제 코미디 영화 축제, 플로리다 게인스빌의 중세 호기타운 축제, 인도 라자흐스탄의 푸쉬카르 낙타 축제 등을 꼽을 수 있다.

| 북미를 중점적으로 소개하고 있는 페스티벌 닷컴 www.festivals.com에서 전세계의 문화 행사에 대해 포괄적인 정보를 볼 수 있다.

| 중요한 것은 자신의 관심분야에 맞는 축제를 찾아내는 것이다. 축제 현장은 사람들로 매우 혼잡하고 호텔 또한 수요가 급증하니 조기 예약은 필수이다. 또한 행사 일정이 해마다 바뀐다는 것도 기억해야 할 사항이다.

● 가계家系

자신의 뿌리인 조상을 찾기 위해 가계를 연구하는 사람들이 늘어나는 추세다. 솔로여행자에게 가계를 조사하는 것은 더없이 이상적인 이유가 된다. 단서를 좇아 여기저기 자유롭게 돌아다녀야 하므로 이런 것에 취미가 없는 동행자가 있다면 부담스러울 것이다. 먼 친척들의 집과 도서관, 전문 연구기관과 묘지를 방문하면서 가족사를 공부하는 것은 확실한 목적의식과 방향이 있는 여행이다. 게다가 혼자서 여행하는 여성에게 쉽게 용납될 수 있는 여행 형태이기도 하다. 이처럼 고상한 목적을 위해 집을 나서겠다는데 반대할 사람이 어디 있을까?

| 가계조사 여행은 물론 국내여행에만 국한되지 않는다. 가족 중에는 외국에 살고 있는 사람들도 있는 법이니까. 자신의 뿌리가

바다 건너까지 뻗어있다면 오래 전에 잃어버린 친척을 찾기 위해 해외여행을 떠나자. 디지털 또는 테이프 녹음기와 카메라, 가계조사 전용일지를 챙겨 여행 중에 만난 사람들을 낱낱이 기록하자.

여행에 앞서 루트 웹 www.rootsweb.com 을 통해 개개인의 출생과 사망 기록을 조회할 수 있다. 이 사이트는 가족사를 조사하는 사람들을 연결시키는 역할도 한다. 단 몇 분만 투자하면 친척에 대한 정보를 무료로 얻을 수 있다. 루트 웹의 어머니 격인 앤시스트리 www.ancestry.com 는 보다 정교한 방법으로 추가 정보를 얻을 수 있는데, 회원제로 운영된다.

애샐의 이야기

| 저는 조상에 대한 책을 쓰기 위해 11년 동안 우리 가족사를 연구했습니다. 그 기간 동안 수많은 지역을 여행하면서 저는 방문에 앞서 세심하게 준비하지 않으면 많은 시간을 낭비하게 된다는 것을 절감하게 되었습니다.

| 우선 방문하려는 지역의 공공 도서관에서 가계 관련 정보를 찾을 수 있는지 또는 그 지역에 가계학 모임이 있는지 확인하는 것이 좋습니다. 지역 역사학회와 법정에서도 관련 기록을 찾을 수 있습니다. 저는 전화 또는 인터넷 검색을 통해 사무실의 주소와 업무 시간, 자료의 열람 여부를 확인했습니다. 24시간 전에 예약을 해야만 자료를 볼 수 있는 곳이 꽤 있더군요. 도서관 자원봉사자는 가계 조사에서 제일 중요한 도움이 되었습니다. 지역의 역사와 도서관 자료에 대해 정통한 데다 지역 주민들이어서 법원이나 묘지, 그 외 자료를 찾을 수 있는 곳이 어디에 있는지 정확하게 일러주었지요.

| 여행지에 도착할 때마다 저는 새로운 친척을 만날 수 있기를 기대했습니다. 내가 만난 사람들은 가족사에 대한

관심도가 다 달랐어요. 그렇지만 대부분이 기꺼이 시간을 내주더군요. 나는 여행의 목적을 설명한 다음 그들의 집에 잠깐 들러 이야기를 나누고 싶다고 했습니다. 처음에는 자신의 가족보다 부모나 조부모에 대해 이야기하는 사람들이 대부분이었지요. 내가 예의를 지키며 친절하게 다가가면 나를 믿기 시작하면서 마음을 여는 것이 느껴졌습니다. 관심을 보이지 않는 사람에게는 다른 가족을 소개받곤 했는데, 대체로 대화에 보다 적극적이더군요.

내가 여행을 하는 가장 큰 이유 중의 하나는 인터넷이나 편지로 알게 되어 어느새 피붙이같이 마음이 맞는 사람들을 만나는 것입니다. 그렇게 알게 된 사람들이 나의 가족이나 친척에 대해 알아보고 있습니다. 이들은 내가 연락하면 정보를 줄 뿐만 아니라 여행 중에는 자신의 집에서 묵을 수 있도록 방을 내주기도 합니다. 한번은 동쪽 끝의 워싱턴 주에 살고 있는 여성이 서쪽 끝의 켄터키 주에 살고 있는 나를 초대한 적도 있으니까요.

3
핑계는 이제 그만

여행은 이 세상을 새로운 각도에서 경험하는 것이어서 우리는 여행에서 난소로운 일상사 너머의 무엇인가를 보게 된다. 혼자서 집을 나서려는 사람들은 너나 할 것 없이 솔로여행에서 제일 극복하기 어려운 것이 무엇인지 궁금할 것이다. 우리가 상상하는 어려움의 대부분이 사실은 머릿속에서 지어낸 재앙에 대한 공포일 뿐이다. 물론 걱정거리가 실제로 생길 수도 있다. 여행 전에 적절하게 준비하면 상상 속 두려움의 정체를 파악하고 걱정거리도 극복할 수 있을 것이다. 솔로여행에는 많은 어려움이 따르지만, 바로 그 어려움 때문에 더욱 풍성한 체험을 하게 되는 것이다.

- 생각만 해도 두렵다

낯선 여행지에서 일행이 있으면 마음이 든든할 것이다. 혼자 여행하면 불안함에 더해 갈피를 잡지 못해 범죄나 사고의 대상이 될 수 있다. 주변에 감독해줄 사람이 따로 없어 자신과 소지품을 스스로 보호하고 챙기느라 늘 긴장해야 하니 피곤하게 느껴지기도 할 것이다. 그렇지만 일행이 있을 때는 안전하다는 생각에 쉽게 긴장을 풀게 되므로 주의해야 한다.

여행 시기와 목적지를 고려하여 적절한 안전 조치를 취하자. 그리고 이 책에 소개된 조언에 따르면 안전하고 즐거운 여행과 일생일대의 체험을 위한 만반의 준비를 하게 된다. 그리하여 여행의 추억을 오래도록 친구들과 함께 나누게 될 것이다.

- 집에 남은 사람들이 마음에 걸린다

파트너나 배우자가 있거나 아이가 있는 여성들 중에는 혼자서 휴가를 떠나는 것은 꿈도 꿀 수 없다고 생각하는 이들이 있다. 베이비시터에서 청구서까지 신경 쓸 일들이 많기 때문에 실제로 어렵기도 하고 가족들의 반대에 부딪치기도 할 것이다. 그렇지만 똑같은 처지에서 시간과 경비를 마련하고 가족들의 이해를 얻어 홀로 여행에 나서는 여성들도 많이 있다. 특히, 아이가 있는 여성일수록 정신적으로 휴식을 취할 수 있는 휴가가 절대적으로 필요하다.

부부 또는 가족의 일원으로 살아가는 동안 우리는 생활 속의 크고 작은 일을 계획하고 결정하고 처리함에 있어 다른 구성원들에게 의지하는 데 익숙해져 있다. 그리하여 우리는 자신이 진정 누구인지 잊어버리고 말았다.
이 책을 읽다 보면 여행을 통해 더욱 강한 사람이 될 수 있다는 것을 느끼게 될 것이다. 여행은 당신과 소중한 관계에 있는 사람들과의 유대와 결속을 더욱 단단하게 만든다. 이해심이 많은 파트너라면 자신이 함께 나눌 수 없는 꿈을 좇아 집을 떠나려는 당신의 결정을 지지할 것이다. 우선은 짧은 여행부터 시작해보자. 기간이 얼마가 되든 상관없이 집을 떠나보는 것이다. 당신 자신을 위해 나 홀로 여행은 꼭 필요하다.

● 혼자 식사하는 것이 불편하다

패스트푸드 체인점과 차를 탄 채 음식을 주문하는 드라이브 스루 식당이 그토록 번창하는 이유 중의 하나는 식당에서 혼자 식사하는 것을 꺼리는 사람들이 많기 때문이다. 대부분의 사람들이 혼자 밥 먹는 것을 불편해 한다. 불편함의 이유를 곰곰 따져보면, 단지 익숙하지 않기 때문이다. 그렇다면 나 홀로 식사의 어색함을 어떻게 극복할 수 있을까?
첫째, 아무도 당신을 쳐다보지 않는다는 사실을 확실하게 알아야 한다.
둘째, 무언가 열중할 만한 거리를 만드는 것이다. 책, 잡지, 신문이나 여행일기장을 가져가자. 식당에 혼자 앉아 시선 둘 곳을 찾지 못해 허공을 응시하는 것보다 어색한 것은 없다. 혼자 오는 고객들이 많은 식당의 카운터에 앉는 것도 좋은 방법이다.

바텐더와 이야기도 나누고 텔레비전도 보고 부동산 매물 목록이나 신문을 들여다보면 어색함이 사라질 것이다.

나 홀로 식사를 연습하기 위해 우선 작은 것부터 시작해보자. 집 또는 직장 근처의 커피숍을 찾아가서 뜨거운 찻잔을 손에 든 채 신문을 뒤적이는 것이다. 또는 시내에서 30킬로미터쯤 떨어진 곳에서 마음에 드는 식당이나 카페에 들어가 점심을 먹어도 좋다. 반드시 혼자서! 늘 다니는 동네에서 숨어있는 보석 같은 식당을 찾아내어 느긋하게 쉬면서 자신만의 속도로 점심을 먹자. 무엇을 선택하든 중요한 것은 혼자만의 식사를 즐기는 것이다.

솔로다이닝 www.solodining.com 의 편집자이며 발행인인 마리아 알렉산더는 혼자서 외식하는 여성들에게 예약은 필수라고 권한다.

"예약을 하면 다른 사람들과 구별되고, 그 식당이 솔로 고객을 어떻게 대하는지 짐작할 수 있습니다. 혼자 오는 손님들이 많은 시간대와 무료로 제공하는 메뉴가 있는지 알아보고 어느 자리를 주는지도 물어보세요. 예약을 하면 권한이 생깁니다."

- 혼자는 외롭다

나 홀로 여행에 대한 가장 큰 오해는 외롭다는 것이다. 물론 외로운 때도 가끔 있을 것이다. 믿기 어렵겠지만, 여행은 사실 가장 사교적인 활동 중의 하나이다. 길 위에서 수많은 사람을 만나게 되니까 말이다. 기차나 숙소 로비에서 만나 이야기를 잠깐 나누는 사람들도 있고 때로는 평생 친구로 발전하여 해마다 당신을 찾아오는 사람들도 생길 수 있다. 어디를 가든 여행 중에는 사람들을 만나게 된다.

| 나는 서른번째의 생일을 오스트레일리아의 어느 오지 야영지에서 맞았다. 그날 나는 새벽 4시 30분에 일어나 50명 가까이 되는 다른 야영객들과 함께 에어즈 록 Ayers Rock(원주민 말로는 '울룰루', 세계에서 가장 큰, 산만한 바위)이라고 불리는 거대한 바위 뒤로 떠오르는 아침 해를 보았다. 생일 며칠 전에 함께 차를 얻어 탄 인연으로 야영지까지 동행한 사람들이 생일 카드와 컵 케이크, 양초, 그 밖의 많은 선물들로 내 생일을 축하해주었다. 새 친구들의 작은 배려로 쓸쓸할 뻔했던 생일이 평생 잊지 못할 아름다운 추억이 되었다.

| 여행 중에는 자신이 원할 때만 혼자가 될 수 있다. 그리고 고독의 아픔이 찾아올 때면 외로움을 피하는 데 도움이 되는 것들을 이것저것 하면 된다. 14장 〈사람들을 쉽게 사귀는 법〉을 참고하자.

● 혼자서는 지루하다

여행은 당신에게 날마다 새로운 가능성과 재미있는 일들을 선택할 수 있는 권리를 준다. 당신은 새로운 눈으로 세상을 보게 되고 이제까지는 꿈도 꾸지 못했던 것들을 보게 된다. 세상은 여태껏 당신이 한 번도 상상하지 못했던 풍경과 소리 그리고 냄새로 가득하다. 새로운 도시와 마을을 접하면서 당신 마음에는 자신도 모르는 사이에 행복감이 차오르고 이제까지와는 전혀 다른 느낌을 갖게 된다.

어쩌면 이 모든 것을 한꺼번에 소화하기 어려울 수도 있다. 로라는 이렇게 표현했다. "모든 것을 다 했다고 생각했는데 못 해 본 것이 여전히 수도 없이 남아 있는 것, 그것이 여행입니다." 그래서 우리는 또 다시 여행을 떠나게 되는 것이다.

- 수줍음을 잘 탄다

자신이 너무 소심하기 때문에 의지할 사람 없이 혼자 여행하는 것이 불가능하다고 생각하는 이들이 많이 있다. 집과 직장에서 여러 겹의 보호막에 싸여 살고 있으니, 모르는 사람들과의 대화는 상상조차 할 수 없는 것이다. 그러나 여행 중에는 오히려 쉽게 마음을 터놓게 된다. 여행지에서 만나는 이들은 생면부지의 사람들이므로 설사 당신이 잘못한다 해도 잃을 것이 없기 때문이다.

지금 당장 나 홀로 여행을 연습해보자. 차를 몰고 집에서 가까운 작은 도시로 떠나는 것이다. 누구도 당신을 모르는 곳에서 점심을 먹어도 좋고 영화 한 편을 보는 것도 좋다. 중요한 것은 사람들을 만나 이야기를 나누는 것이다. 한 번 해보면 정말 쉽다는 것을 금방 알게 될 것이다.

- 너무 늙었다

여행에 나이는 아무 문제가 되지 않는다. 비록 몸이 말을 안 들어 행동은 예전보다 조금 굼뜨겠지만, 그렇다고 여행을 못한다는 법은 없다. 아프리카 끝에서 아시아 끝까지 여러 나라를 섭

렵하고 "부인, 당신은 진정 행복했던 적이 있었나요?"라는 책을 쓴 매그 피터슨은 80번째 생일을 자축하기 위해 킬리만자로에 올랐다. "사람들을 의식해서 빨리 걸으면 안 됩니다. 반드시 자신만의 속도로 걸어야 합니다. 충분히 천천히, 그리고 자주 쉬면서요." 고도가 높은 곳일수록 그녀의 조언은 더욱 지당하다.

- 충분한 휴식을 취할 수 있게 일정을 여유 있게 잡는 것이 바람직하다. 이것저것 너무 많은 활동을 하지 않도록 주의하자. 보험과 약을 잘 챙기고 무거운 짐을 이리저리 끌고 다니지 않아도 되게 가볍게 짐을 꾸린다.
- 사업상 정기적으로 출장을 가야 하는 마리온은 자신의 마음이 언제나 청춘인 것은 여행 덕분이라고 믿고 있다. 여든의 나이에도 그녀는 여행을 자제할 생각이 전혀 없다. "매번 여행할 때마다 새로운 것들을 보는 것은 정말 멋진 경험입니다. 내 젊음을 유지하는 비결 중 제일 중요한 것이 여행이랍니다."
- 자전거 세계 일주 중인 비벌리는 어떤 면에서는 나이가 들수록 여행이 쉬워진다고 말했다. "남자들 때문에 성가신 일이 많이 줄었습니다. 자신감이 커지니 그들의 눈을 똑바로 볼 수 있게 됐거든요. 남자들에게 신경 쓸 필요가 없으니 문제가 생길 일도 한결 줄어들었습니다."

● 어디로 떠나야 할지 모르겠다

평소 꼭 가고 싶은 곳이 없었다면, 당신에게 필요한 것은 약간의 상상력과 여행전문지 두어 권이 전부이다. 내셔널 지오그래픽 어드밴처 www.nationalgeographic.com 는 풍부한 사진과 기사로 여행에 대한 상상력과 영감을 얻을 수 있다. 도서관과 여행 관련 웹사이트에서도 실질적인 아이디어를 얻을 수 있다.

| 꿈은 이루어진다. 당신의 상상력과 실천력을 과소평가하지 말라.

| 다음에 소개하는 여행 계획표를 작성하는 것부터 시작해보자. 그런 다음 그 꿈을 실현할 수 있는 자금을 비축하는 것이다.

★ 꿈의 여행을 위한 계획표

가격에 상관없이 내가 가고 싶은 곳

1.
2.
3.
4.

예상 경비

꿈의 여행 1	꿈의 여행 2
항공료	항공료
숙박비	숙박비
식비	식비
현지 교통비	현지 교통비

오락 _____ 오락 _____

기념품 _____ 기념품 _____

기타 _____ 기타 _____

꿈의 여행 3   꿈의 여행 4

항공료 _____ 항공료 _____

숙박비 _____ 숙박비 _____

식비 _____ 식비 _____

현지 교통비 _____ 현지 교통비 _____

오락 _____ 오락 _____

기념품 _____ 기념품 _____

기타 _____ 기타 _____

꿈의 여행을 실현하기 위해 돈을 모을 수 있는 방법 다섯 가지

1. _____

2. _____

3. _____

4. _____

5. _____

- 직장 때문에 시간을 낼 수 없다

고용주의 관용에 따라 크게 다르지만, 어느 직장이든 최소한의

휴가는 받을 수 있다. 주말로 그칠 수도 있고 연중계획에 의한 장기 휴가가 될 수도 있을 것이다. 정기 휴가와 사적으로 쓸 수 있는 휴가를 모아서 여행 계획을 세워보자. 미국의 시장조사 전문업체 해리스 인터랙티브가 온라인 여행 예약 웹사이트인 익스피디아의 의뢰로 수행한 조사에 따르면 유럽인들의 연 평균 휴가가 20일에서 40일인 반면 미국은 12일, 캐나다는 21일이다. 망설이지 말고 휴가를 쓰자.

휴가는 쓰지 않으면 없어져버린다. 뉴욕 소재 광고대행사의 임원인 안드레아는 꼭 필요한 휴가를 내기까지 수년이 걸렸다. "몇 년 전만 해도 회사를 쉰다는 것은 상상도 할 수 없었습니다. 정말 지독하게 일했습니다. 예전에는 휴가도 없이 죽어라 하고 일만 했는데 이제는 휴가를 안 쓸래야 안 쓸 도리가 없습니다. 무엇보다 중요한 것은 정신적으로 휴식을 취하는 겁니다. 그래야 삶이 다시 제 자리를 잡게 되니까요. 사무실로부터 벗어날 필요가 있습니다. 휴가는 소중합니다."

회사에 따라 직원에게 장기 휴가를 허락하고 휴가에서 돌아오면 복직을 보장하는 곳이 있다. 물론 무급 휴가이지만 사전에 충분히 준비만 한다면 장기 여행을 할 수 있는 좋은 기회가 된다. 자신의 주州 정부에서 변호사로 일하는 엘리자베스는 3개월 예정의 아프리카 여행을 떠나기 훨씬 전부터 계획을 세웠다. "거의 2년 전에 회사에 여행 계획에 대해 이야기했습니다. 떠날 시간이 다가올 즈음에는 모든 것이 승인되고 오케이 사인이 났지요. 여행에서 돌아오니 800통의 이메일이 나를 기다리고 있더군요. 모든 것이 전과 똑같았습니다."
| 직장의 환경과 상황에 따라 고용주와 직접 협상할 수도 있다. 당신의 인생에서 여행이 얼마나 중요한가를 설득력 있게 설명하자. 당신이 자리를 비우는 동안 업무가 원활하게 돌아갈 수 있도록 장치를 마련하면 불가능한 일도 아니다. 비벌리는 자신의 직업에 한계를 정했다. 자신이 필요하다고 느낄 때 휴가를 낼 수 없다면 그녀는 언제든 사표를 던질 각오를 하고 있다. "여행을 떠날 수 있는 삶을 살 겁니다."

- 병이나 장애가 있다
  병이나 장애가 있는 사람이 여행에 나서는 것이 이야기 거리가 되는 시대는 이미 지났다. 장애인의 여행이 물론 쉽지는 않겠지만 지금은 예전에 비해 훨씬 쉬워졌다.
| 《장애인 여행자를 위한 세계여행 안내서 www.disabledtravelersguide.com》를 쓴 낸시 버거의 이야기는 정말 감동적이다. 장애인이 된 후 20여 년 동안 그녀는 휠체어를 타고 전세계를 여행했다. "이 세상은 멋진 것들로 가득합니다. 놓치지 말고 경험하고 보아야 합니다. 그것들을 건너뛰기에 인생은 너무 짧습니다. 장애인이라고 여행을 하지 못할 이유가 없지요. 나는 그걸 체험으로 알았습니다."
| 호텔, 숙소, 식당, 그리고 야영장 측에 자신의 조건과 상황을 설명하고 특별한 배려를 부탁하자. 이것은 솔로 여성 모두에게 해당되는 조언이지만 특히 장애가 있는 여행자들이 지켜야 할 사

항이다. 위험에 빠져 사람들의 도움을 구하게 될 때를 대비하여 호각을 지니고 다니는 것이 안전하다. 9장 〈건강하게 여행하기〉에서 몇 가지 조언을 추가할 것이다.

요즘은 장애인들을 위한 다양한 여행 상품이 제공되고 있다. 예를 들면 〈여행사 액세서블 저니 www.access-able.com〉에서는 휠체어 장애인을 위한 단체 및 개별 여행을 주선하고 있다. 숙박시설, 관광지, 교통, 장비 대여에 대한 정보와 패키지 여행사, 크루즈 여행, 모험여행 전문 가이드와 홈스왑에 대해 폭 넓은 정보를 수록하고 있는 웹사이트도 있다 www.disabledtravelers.com

조는 아프리카 서부에 위치한 말리의 팀북투 여행 중에 뼈를 공격하는 박테리아에 감염되어 장애인이 되었다(9장에 그녀의 일화가 소개된다). 사고 후에 여행 방법을 바꿀 수밖에 없었다고 그녀는 말했다. "사고 전에는 늘 대중교통을 이용했어요. 지금은 제3세계 국가에서는 택시를 이용합니다. 심지어는 바퀴 달린 가방도 끌고 다니기 힘들고 위험하니까요. 가방을 들고 계단을 내려갈 수 없으니 포터도 쓰게 되었습니다." 하지만 이같은 장애에도 불구하고 그녀는 여행을 계속하고 있다.

구할 수 있는 정보와 자원을 최대한으로 활용하여 당신의 첫번째 또는 다음 여행을 계획해보라. 문제점보다는 지금 할 수 있는 것에 주목하는 긍정적인 태도가 중요하다.

- 길을 잃으면 어쩌나?

뉴저지에서 서쪽으로 차를 몰고 가는 길이었다. 바다와는 거리가 먼 곳이었는데 찝찔한 바다 냄새가 풍겨왔다. 그제서야 벌써 두 시간이 넘게 잘못된 방향으로 왔다는 것을 알아챘다. 우리는 고속도로 분기점을 지나쳐서 기차역까지 놓치고는 낯선 도시에서 방향감각을 완전히 상실한 채 도움을 청해야 했다.

여행 중에 길을 헤매는 것은 거의 피할 수 없는 일이다. 그렇지 않다면, 모험이라고 할 수 없지 않겠는가! 그렇다고 너무 많이 헤맬 필요는 없다. 지도, 휴대폰, 전화카드, 현지어로 쓰여진 호텔 명함 그리고 비상 연락처 목록 등은 늘 지니고 다니자. 북미에서는 미국자동차협회www.aaa.com나 캐나다자동차협회www.caa.ca 의 긴급출동 서비스 회원으로 가입하면 도움이 된다.

- 병이 나면 어떻게 하나?

질병이 두려워 여행을 불편하게 생각하는 여성들이 많이 있다. 병이 나고 아픈 것을 좋아할 사람은 물론 한 명도 없을 것이다. 비위생적인 것을 끊임없이 보고 만지고 먹어야 하는 환경도 찝찝할 것이다.

실제로 여행 중에는 더 많은 병균을 접하게 되지만, 간단한 건강 수칙만 지킨다면 대부분의 병은 피할 수 있다. 설사같이 단순한 것이든 뎅기열 같이 복잡한 것이든, 병이 심각하게 진행되면 전문가의 도움을 받아야 한다. 증상이 어떻게 진전되는지 주의 깊게 살펴보고 며칠이 지나도 호전의 기미가 없으면 의사를 찾아가자. 자국 대사관에 문의하여 현지 주재원들이 이용하는 의료시설을 소개받자.

또한 적절한 예방조치를 취하면 대부분의 질병은 피할 수 있다. 예방주사 접종, 모기 퇴치제 사용과 함께 안전한 식습관과 음용 습관을 지키고 방문 지역 특유의 위험요소를 파악하여 주의하자. 그래도 병이 났을 경우에는 여러 가지 방법 중에서 적절한 조처를 취하면 된다. 중요한 것은 침착하게 대처하는 것이다.

● 외국어가 부족하다

현지인들과 소통할 때 여행은 더욱 즐겁고 재미있다. 그러나 현지 언어를 꼭 잘 해야만 여행을 즐길 수 있는 것은 아니다. 떠나기 전에 현지어로 유용한 표현과 단어 몇 가지만 익히면 최소한의 예의는 지키는 셈이다. 전세계 대부분의 도시에서 영어가 통용되는 데다 여행자용 기본회화집과 사전을 지참하면 웬만큼은 소통이 가능하다.

언어장벽을 단숨에 깨뜨리는 방법도 있다. 알고 싶은 사물을 가리키며 현지어로 "이 나라 말로 이것이 무엇입니까?"라고 물어보는 것이다. 현지인들은 자기네 말을 하려는 당신의 노력을 존중하게 되고 어쩌면 친구로까지 발전할 수 있다. 16장 〈열린 마음으로 언어의 장벽을 넘어서라!〉에서 더 구체적인 정보를 참고하자.

★ 현지인과 대화하기

멕시코 여행 때였다. 나는 오하카 주(州)의 어느 도시 광장에 있는 한가한 공원 벤치에 앉아 기초회화교본을 들여다보며 스페인어를 복습하고 있었다. 내가 열심히 공부하는 것을 보고는 한 젊은이가 다가와 영어로 말을 걸었다. 나는 스페인어로 그는 영어로, 우리는 재미있는 대화를 나누었다. 모르는 단어가 나올 때마다 내가 손가락으로 사물을 가리키며 책에서 단어를 찾아내면 청년이 발음을 고쳐주었다. 몇 가지 안 되는 단어에 몸짓을 섞어 서로 상대방 나라의 말을 했다. 더듬거리긴 했지만 우리의 대화는 활기차게 이어졌다. 물론 그와의 만남으로 내 스페인어 실력이 크게 늘어나지는 않았다. 그도 마찬가지였을 것이다. 그러나 서툴게나마 상대방의 언어로 나눈 문화교류의 기억은 지금도 또렷이 남아있다.

● 다른 사람들의 시선이 두렵다

여성들이 여행을 꺼리는 가장 큰 이유 중의 하나는 동료들로부터 받는 압박감 때문이다. 가족과 아이들, 친구들과 파트너를 떼어놓고 여행을 떠나는 당신을 동료들이 이해하지 못할까봐 두려운 것이다.

서른한 살이 되던 해, 수프리야는 다니던 직장을 그만 두고 아시아와 유럽 전역을 여행하고 돌아와 와튼 스쿨 석사과정에 입학했다. 퇴사와 여행 계획을 듣자 그녀의 친구들은 한결같이 반대하며 말렸다. "친구들은 그런 변화를 위협으로 받아들였던 것 같아요. 자기들에게 미칠 영향을 두려워했던 것 같습니다.

어찌 생각하면 내가 그들 삶의 관성을 깨버린 거니까요."
| 이미 혼자서 여행에 나섰던 다른 여성들과 활발하게 교류하면 도움을 받을 수 있다. 여성들이 쓴 여행 관련 서적과 기사를 읽자. 나 홀로 여행을 떠나려는 욕구를 가진 여성이 당신만이 아니라는 사실을 확인하는 것만으로도 힘이 날 것이다. 당신에게 고정관념에서 벗어난 계획을 털어놓는 사람들이 있다면 그들을 진심으로 축하해주고 성공을 빌어주자.
| 현지인들에게 솔로 여성여행자는 더욱 비정상적으로 보일 것이다. 비벌리는 이렇게 말했다. "현지인과의 문화 차이가 너무 커서 내가 왜 혼자 여행하는지 설명할 수 없었습니다. 내가 왜 혼자 사는지, 또 아이들을 왜 안 데리고 왔는지 그들은 정말로 궁금해 했습니다. 사실대로 말할 수 없어서 남편은 벌써 세상을 떠났고 자식들은 다 커서 손주들까지 있노라고 소설을 썼습니다. 자식들은 제 자식들을 돌보느라 집에 남았다고 했지요."

● 여행할 만큼 넉넉하지 않다

돈이 없으면 하기 어려운 일이 많이 있다. 그러나 장담컨대, 당신의 삶에서 여행을 최우선으로 생각한다면 그 대가는 돈으로 환산할 수 없을 정도로 막대하다. 그렇다고 빚을 내서 여행을 떠나라는 소리는 아니다. 계획을 꼼꼼하게 잘 세우고 몇 가지 원칙을 정해 저축한 돈으로 알뜰하게 여행하면 두고두고 이야기할 수 있는 멋진 추억거리를 만들 수 있다.
| 젊은 시절, 나는 두어 달의 여행 경비를 마련하기 위해 세 군데

에서 일을 하여 번 돈을 한 푼도 쓰지 않고 모았다. 낮에는 직업소개소에서 사무직으로 일했고 밤에는 피자를 배달하고 주말에는 라디오 방송국에서 일했다. 세 곳 모두 임금이 쥐꼬리만 해서 밤낮과 주말을 가리지 않고 일해야 했지만 다른 방법으로는 그 돈조차 벌 수 없었다. 나는 정말 죽어라 하고 일한 후에 설레는 마음으로 직장을 그만두고 뉴저지에서 알래스카로 달려갔다.

여행 경비를 마련하기 위해 나처럼 세 군데에서 일하라는 것은 물론 아니다. 덜 고생스럽게 목적을 달성할 수 있는 방법이 많이 있을 것이다. 약간의 노력으로 푼돈을 모을 수 있다. 예를 들면 직장에 도시락을 싸 가면 점심값을 챙길 수 있다. 책장에서 먼지를 뒤집어쓰고 있는 책과 시디를 인터넷 중고시장에 내놓는 방법도 있다. 이렇게 가외로 빈 돈을 여행 경비에 보태는 것이다.

진정으로 여행을 원하게 되면 자기도 모르는 사이에 삶의 우선순위를 다시 정하게 될 것이다(12장 〈경비에 관한 모든 것〉을 참조하자). 그러다 보면 어느새 주말 여행을 할 수 있는 돈이 모아지고, 다음에는 이국의 해변에서 1주일을 보내게 되고, 마침내 페루로 3주 여행을 떠나게 될 것이다.

- 이렇게 시작해보자
  - 집에 혼자 있을 때는 라디오와 텔레비전을 끄자. 혼자 있는 것에 익숙해지고 혼자임을 즐기게 될 것이다.

- 내일 점심 시간에는 동료들과 헤어져 혼자서 식사를 해보자.
- 친구들 없이 혼자서 쇼핑한다. 상가가 한산한 오후 한나절을 잡아 윈도우 쇼핑을 즐긴다.
- 도서관에 가서 한 시간 동안 여행 관련 책과 잡지를 읽어보자.
- 예전에는 절대로 말을 걸지 않던 이들과 가벼운 대화를 시도하자. 예를 들면 버스 기사, 슈퍼마켓 계산원, 같은 헬스클럽에서 운동하는 사람, 누구라도 좋다.
- 저녁에 혼자 집에 있는 날에는 시를 읽거나 외국 영화를 보자. 새로운 식당을 찾아보는 것도 괜찮다. 이제까지와는 완전히 다른 것, 친구들이나 가족은 별로 관심이 없는 일을 해보는 것이다. 일간지 또는 지역신문에서 아이디어를 구하자.
- 다음번에 누군가와 함께 여행을 떠나면 잠깐이라도 나만의 시간을 가져보자. 하이킹도 좋고 해변 산책도 좋고 혼자서 식사하는 것도 좋다. 커피를 마시면서 여행잡지 최신호를 읽어도 좋을 것이다.
- 남편이나 식구들이 연장 근무를 하거나 주말에도 일을 하는 경우가 생길 것이다. 그들이 바쁜 시간을 이용해서 혼자만의 시간을 갖자. 경치 좋은 시골로 장거리 드라이브를 즐기거나 잡지에서만 보았던 길을 걸어보자.
- 집에서 가까운 곳으로 1박2일 여행을 떠난다. 야영이나 유스호스텔도 좋고 고급 스파나 리조트에서 호화스럽게 지내는 것도 괜찮다. 세상을 다 가진 듯한 쾌감을 느낄 것이다.
- 마음 먹고 다른 도시나 주州에 살고 있는 친구를 방문하자.

친구들과 가족, 파트너가 집에 있는 날을 택해 1박2일 또는 주말여행을 떠나는 것이다. 이렇게 하면 홀로 여행을 떠나는 것에 조금은 익숙해질 것이다. 그것 자체가 벌써 한 발자국 앞으로 나간 것이다.

| 안전지대를 벗어나는 것, 그것이야말로 여행의 전부이다. 여행은 전혀 새로운 세상으로 들어가는 것이다. 문화, 환경, 화폐, 언어, 음식, 잠자리, 관습, 일정, 모험, 교통수단, 환경 등등 모든 것이 완전히 달라진다. 그것이 여행의 아름다움이다. 작은 찻집과 식구들끼리 운영하는 펜션만 있는 곳에서 맥도날드와 하얏트 호텔을 찾을 것인가? 당신에게 도전장을 내미는 모든 것들을 기꺼이 껴안아라.

4
세부계획 짜기가 여행의 반

여행의 꿈을 마음에 품었다면 이번에는 그 꿈을 실현하는 데 필요한 정보를 구할 차례이다. 초반의 기획 단계에서 여행 시기와 목적지를 결정하려면 많은 요소를 고려해야 한다. 수많은 장소와 여행 유형 중에서 당신의 욕구를 완벽하게 충족시켜주는 단 하나의 여행을 계획하기 위해서는 철저한 조사가 뒷받침되어야 한다. 계획을 짜는 데 도움이 되는 것들을 하나하나 살펴보자.

- 계획

아래의 네 가지 질문에 답하다 보면 어느새 다음 번 여행의 윤곽이 그려질 것이다.

- 당신의 관심사는 무엇인가?

2장 〈목적이 분명한 여행이 더 즐겁다〉에서 살펴보았듯 여행의 이유와 방법은 다양하다. 당신의 열정에 불을 붙여 꿈꾸던 목적지까지 걸음을 멈추지 않게 하는 것이 무엇인가? 취미활동? 휴식? 아니면 특정 문화에 대한 강렬한 끌림? 무엇이든 할 수 있다. 어떤 가능성도 배제하지 말자. 일단 여행 목적과 선택권의 범위가 좁혀지면 다음은 일사천리로 진행된다.

내 머릿속에는 언제나 다음 여행 대상지가 줄줄이 들어있다. 요즘은 아마존의 열대우림지와 파푸아뉴기니가 그 목록에 올라 있다. 여행이란 병이 도지면 나는 잡지 기사와 여행기 그리고 관련 서적을 되는 대로 모으기 시작한다. 내 컴퓨터에는 여행 대상지에 대한 정보를 저장하는 폴더가 들어있다. 결정의 시간이 다가올 즈음이면 손가락 하나만으로도 모든 정보를 볼 수 있게 되는 것이다.

- 가장 쉽게 갈 수 있는 곳이 어디인가?

여행하기 '쉬운' 곳이라는 개념에 대해서는 사람마다 해석이 구구할 것이다. 방글라데시에 가면 마치 집에 돌아온 것 같이 느끼는 여성이 있는 반면, 어떤 이는 다른 별나라에 착륙한 것 같은 생각이 들 것이다. 국내여행이든 해외여행이든 무언가 친숙한 느낌이 있는 곳에서부터 시작하면 편안한 마음으로 여행을 경험할 수 있다. 우선, 친구 또는 친척 등 연고자가 있는 곳으로 떠나보자. 자신의 모국어 또는 자신이 잘 구사하는 언어를 사용하는 나라에서 시작하는 것도 좋다.

여행 중에 겪게 되는 어려움에 대해서도 수용 범위가 각자 다를 것이다. 코네티컷 주에 살고 있는 오드리는 주부이자 세 아이의 어머니인데 업무와 휴가로 해외 여행이 잦은 편이다. 뉴저지에서 성장한 그녀는 강인한 타입으로 대부분의 여성들보다 여행이 체질적으로 맞는다고 한다. "두렵다고 느낀 적은 한 번도 없었지만, 위험한 상황에 빠지지 않도록 늘 신경을 쓰고 다녔지요."

미국 정부에서 발표하는 최신 여행 경보에 대한 정보는 미 국무성 사이트www.state.gov/travel를 참고한다. 내란 또는 다른 이유로 여행이 제한되거나 금지된 국가에 대한 정보를 볼 수 있다. 미국 중앙정보부에서 발간하는 세계백서www.cia.gov/cia/publications/factbook에서는 세계 각국의 인구, 지형, 교통, 통신 등 많은 정보를 조회할 수 있다.

여성이 혼자 여행하기에 미심쩍은 국가로 떠날 때에는 옷차림과 행동을 조심하고 남자들이 불어대는 휘파람 소리를 무시하자. 사람들과 눈이 마주치지 않도록 선글라스를 쓰는 것도 좋은 방법이다. 여하튼 떠나자! 오래도록 꿈꾸던 곳을 향해 떠나는 이를 나는 어떤 이유로라도 말리지 않겠다.

★ **목적지에 대해 공부하기**

- 현지인들이 영어를 말하는가?
- 교통 체계가 안전한가?
- 정부와 정치가 안정적인가?
- 정치체제는? (자본주의, 독재정치, 사회주의 등)
- 남성 우월주의가 두드러진 곳인가?
- 전통적으로 여성에 대한 선입견이 있는가?
- 여성을 차별하는 곳인가?
- 여성의 옷차림에 특별히 주의해야 할 것이 있는가?
- 극단적인 종교를 믿고 있는가?
- 현재 내란이 일어나고 있는 곳인가?

● 여행기간은 얼마나 되는가?

여행에 쓸 수 있는 시간이 정해지면 실제로 갈 수 있는 곳의 범위가 좁아진다. 자신이 사용할 수 있는 시간과 경비로 얼마 동안 여행할 수 있는지 계산해보고 알뜰하게 예산을 짜서 일정과 경비 양쪽 모두 최대한 활용하자(12장 〈경비에 관한 모든 것〉 참고). 여행기간을 가능한 한 전부 사용하면 절대로 후회하지 않을 것이다. 로스앤젤레스에 사는 여성이 일주일밖에 여유가 없다면 인도의 델리 같이 비행기로 하루가 꼬박 걸리는 여행은 피해야 할 것이다. 대신 집에서 가까운 하와이나 멕시코로 휴가를 떠나자. 장거리 비행은 시차로 인한 피로감을 극복할 수 있을 정도로 여행 기간이 넉넉할 때를 위해 아껴두자.

| 만약 3개월이라는 시간이 있는데 경비가 빡빡하다면, 살고 있는 집을 세놓거나 하우스 스왑 사이트를 통해 다른 여행자와 서로 집을 바꾸어 지내는 방법을 생각할 수 있다. 아니면 여행 중에 일을 해도 된다. 보름 정도의 자유 시간과 여유 자금이 넉넉할 때는 숙소를 조금 나은 곳으로 잡아보자. 또는 패키지투어에 두어 차례 참가하거나 당일투어를 여러 번 이용하여 관광에 중점을 두는 것도 좋다.

● 언제 떠나는 것이 좋을까?

타이밍이 전부는 아니지만 때로 아주 중요할 수 있다. 여행할 수 있는 자유시간이 지금보다 훨씬 많았던 때, 나는 여행시기와 목적지에 별로 신경 쓰지 않았다. 그저 어디론가 떠나고만 싶었다. 시간을 내기가 갈수록 어려워지니 날씨는 최고로 좋고 관광객은 제일 적은 때를 골라서 떠날 수 있도록 일정을 잡게 되었다.

| 성수기 전후, 즉 사람들이 휴가지로 몰려가기 시작하기 전이나 휴가지에서 여름을 지내고 모두 집으로 돌아온 직후가 가장 저렴하게 여행할 수 있는 때이다. 항공료와 숙박료는 인하되고 식당과 관광명소도 덜 붐비며 날씨는 여전히 좋기 때문이다.

| 최고 절정기에 상점과 식당, 호텔 문을 꽁꽁 닫는 지역도 있으니 주의해야 한다. 유럽은 8월에 영업을 하지 않는 것으로 악명이 높다. 현지 주민들도 어디론가 여행을 떠나는 것이다. 멕시

코에서는 3~4월의 그리스도 수난을 기념하는 세마나 산타 기간 동안 호텔은 문을 열지만 대부분의 상점과 식당은 부활절 축제까지 수주일 동안 영업을 하지 않는다. 학교 문이 닫힐 때면 학부모들도 틀림없이 문을 걸어 잠근다고 봐야 한다. 이런 때는 일정을 일주일만 조정해도 상황이 180도로 달라져서 휴가지에서 사람들 때문에 스트레스를 받지 않게 된다.

여행안내서에는 여행하기에 제일 좋은 날씨 정보와 아울러 다달이 즐길 수 있는 축제와 행사 정보도 수록되어 있다. 지구 달력 www.earthcalendar.net은 아주 재미있는 웹사이트로서 전세계 국가들의 축제와 휴일이 날마다 표시된다.

● 여행안내서

전세계의 수많은 여행지에 대해 깊이 있는 정보를 담고 있는, 정말로 훌륭한 여행안내서가 많이 있다. 나는 안내서를 광적으로 좋아하는데, 이 책에서는 지면이 충분하지 않아 일일이 장점을 열거하지 못하는 것이 몹시 아쉽다. 대신 내가 좋아하는 안내서를 소개하고 몇 가지 책자를 언급하고자 한다. 아래 소개하는 안내서들은 내가 개인적으로 선호하는 것임을 밝혀둔다. 그러므로 당신이 마음에 두고 있는 곳을 가장 잘 안내한 책자가 빠져 있을 수도 있다.

《론리 플래닛》www.lonelyplanet.com은 재미있고도 유익한 정보를 포괄적으로 담고 있다. 600여 가지의 안내서가 나와 있으며 기초회화집, 지도, 고급 화보도 발간한다. 원래는 배낭여행자를 위한 안내서로 출발했지만 범위를 넓혀 중, 고급 호텔과 식당 정보까지 망라하고 있다. 가장 권위 있는 여행안내서로 누구든지 전세계 구석구석까지 안내한다. 나는 여행을 준비할 때마다 론리 플래닛을 들여다보는 것에서부터 시작한다.

《러프 가이드》www.roughguides.com는 최근 들어 내가 최고 수준의 여행서로 새롭게 주목하고 있는 안내서이다. 론리 플래닛을 대신하거나 추가할 수 있는 훌륭한 안내서로 75개 국가의 100여 도시를 다루고 있다.

사진이 풍부한 《도링 킨더스리》www.dk.com시리즈는 사진으로 세상을 엿볼수 있는 여행안내서이다. 대상지가 어떤 곳인지를 느낄 수 있는 훌륭한 가이드로 관광 계획을 세우는 데 큰 도움을 준다.

〈문 핸드북Moon Handbooks〉, 〈포도스Fodor's〉, 〈프롬머스Trommer's〉, 〈인사이더 가이드Insiders' Guide〉, 〈브라트 트레블 가이드 Bradt Travel Guide〉, 〈풋프린트 트레블 가이드Footprint TravelGuides〉와 〈타임아웃Time Out〉 등에서 출간한 책도 참고할 만하다.

안내서는 무조건 최신판을 구입해야 한다. 최신판이라 해도 2년은 된 것이 허다하다. 오래된 안내서일수록 추천 업소의 요금은 비싸졌을 테고 유명한 곳은 진부해졌거나 최악의 경우는 아예 문을 닫았을 수도 있다.

영화를 보기 전에 영화평 읽기를 꺼려하는 사람들이 있다. 때로 평론 때문에 영화를 바라보는 시각이 흐려지기 때문이다. 콜린은 같은 이유에서 여행안내서에 너무 의지하지 말라고 권한다.

"책에서 읽은 것들로 인해 실제 경험이 퇴색될 수 있습니다. 책 때문에 실제가 오염되는 일은 없어야겠지요." 안내서는 정보 소스 정도로 활용하고 100퍼센트 의지하지 않도록 하자.

- 여행잡지

월간 여행잡지에는 감동적인 일화와 조언, 특정 목적지에 대한 심층기사, 사진 그리고 일반 정보들이 담겨 있다. 미국에서는 〈Conde Nast Traveler〉, 〈Arthur Frommer's Budget Travel〉, 〈Outside〉,〈 National Geographic Traveler〉, 〈Travel + Leisure〉 등이 손꼽힌다. 이들 잡지는 온라인으로도 볼 수 있다. 집배원에게 미안하지만 나는 대부분을 정기 구독으로 보면서 이삭 줍듯 유익한 정보를 줍는다.

- 인터넷 포럼

여행안내서 몇 가지를 읽으면 잠잘 곳과 볼 거리에 대해 대략적인 그림을 그릴 수 있게 된다. 그렇지만 파리의 몽마르트 언덕에 '라용 드 상테'라는 멋진 채식 식당이 있다는 정보를 안내서에서는 찾을 수 없다. 파리 부시 시장 근처의 '아모르모' 아이스크림 가게는 단골이 얼마나 많은지 때로 사람들이 시장 골목 끝까지 줄을 서서 기다려야 한다는 일화도 기대할 수 없다. 이런 정보는 어떤가? 지하철을 타면 혼자 여행하는 여성에게 접근하여 몸을 비비는 남자들이 많으니 주의해야 한다는 것.

내가 이런 토막 정보들을 알게 된 것은 모두 온라인 포럼 덕분이다. 포럼은 기존의 웹사이트에 개설되어 최신 정보들이 공유되는 게시판이다. 자신의 경험담과 조언을 올릴 수 있고, 또한 질문을 통해 다른 사람들의 답변을 들을 수 있다.

- 블로그

근래 들어 여행 블로그가 특정 목적지에서부터 일반적인 여행 정보에 이르기까지 귀중하고 다양한 정보를 얻을 수 있는 자원으로 부상하고 있다. 대부분의 여행자들이 가족과 친구들을 위해 일기를 기록하여 블로그에 올리는가 하면, 인기 있는 블로거들은 오랜 기간 블로그를 운영하면서 정기적으로 최신 정보를 업데이트하고 있다. 여기에는 개인적인 리뷰와 정보들이 포함되어 있다. 일정한 주제를 다루고 있는 블로그 여러 곳을 방문히면 틀림없이 '대중의 지혜'를 얻을 수 있다.

테크노라티 www.technorati.com 는 수백만 개의 블로그를 추적하여 아무리 모호한 주제라도 원하는 정보를 찾아내는 강력한 검색 기능이 있다. 내가 운영하는 원더러스트 앤드 립스틱 www.wanderlustandlipstick.com 에는 여성여행자들이 올린 다양한 주제의 여행 블로그를 볼 수 있다. 쉽고 간편한 방법으로는 구글에서 블로그를 검색하는 것이다 www.blogsearch.google.com.

★ **유익한 포럼**

얼마 전, 코스타리카로 떠나기에 앞서 여행자들이 추천한 숙소를 알아보려고 포럼을 여러 곳 방문했다. 마침 중남미 사람들이 모두 휴가를 떠나는 세마나 산타 주간이어서 문을 연 호텔을 찾기가 매우 어려웠다. 포럼에서 얻은 정보로 나는 색다른 관광지 몇 곳을 발견했고 최근 관광객을 상대로 어떤 사기가 횡행하는지 알게 되었으며 마침내 숙소 예약도 마칠 수 있었다. 그중의 한 곳이 오사 반도 공항의 지저분한 활주로에서 30분 거리에 있는 환경친화적인 비치 호텔이었다. 호텔 주인은 자신의 재산을 모두 처분하여 그곳으로 온 용기 있는 독일 여성으로서 호텔을 직접 관리하고 있었다. 낮에는 전기도 안 들어오고 수돗물도 쓸 수 없는 곳이었다. 그렇지만 가족적인 분위기에서 다른 손님들과 함께 먹는 멋진 아침과 저녁 식사는 그런 불편함을 보충하고도 남았다. 게다가, 보너스로 바로 코앞에 해변이 있었다.

- 식당안내서

미식가든 아니든, 현지 음식에 대해 공부하거나 그 지역에 정통한 이들의 추천을 받으면 여행의 즐거움이 배가된다. 미국을 여행 중이라면 《로드 푸드》www.roadfood.com를 추천한다. 로드 푸드는 안내서와 웹사이트를 통해 빵집에서 카페, 가로변 숙소 매점에서 타코를 파는 차량까지 각 지역의 저렴한 식당 정보를 포괄적으로 제공하고 있다. 챠우 하운드www.chowhound.com 온라인 포럼에서는 전세계에 걸쳐 여행자들이 올려놓은 식당 정보를 발견할 수 있다. 잠시 짬을 내어 자신의 거주지나 여행지의 식당을 둘러보는 것도 재미있을 것이다.

| 《자가트 서베이》www.zagat.com는 식당에 관한 한 가장 포괄적인 정보를 책자와 온라인을 통해 제공한다. 자가트는 고객여론 조사를 실시하여 전세계 95개국에 걸쳐 호텔과 야간업소, 관광명소에 대한 정보를 수집한다. 정보를 전화에 내려 받을 수도 있다.

| 유럽 쪽으로는 42개 국가의 음식점 정보를 담은 《미슐린 가이드》www.viamichelin.com가 가장 권위 있다. 미슐린의 평점은 짜기로 유명해서 별 하나짜리 식당이라도 무시할 수 없다. 방문지에서 최고 등급인 별 세 개짜리 식당을 발견하기란 하늘의 별 따기이다.

| 잇 스마트 가이드 eatsmartguides.com는 인도네시아를 비롯하여 인기 있는 10개국의 음식 정보를 담은 책자를 발간했다. 긱 책자에는 음식에 대한 역사적인 정보와 요리법, 각국의 음식 목록이 실려 있다. 책에 실린 정보가 얼마나 꼼꼼하고 자세한지, 저자의 음식과 여행에 대한 열정이 여실히 드러난다.

| 여행할 때 식당안내서를 지참하면 카페식 술집에서 최고급 예약전문 식당까지 광범위한 정보를 그때그때 얻을 수 있다. 그 외 관광안내소, 도시의 무료 팸플릿, 기차역 또는 다른 공공기관의 게시판을 통해서도 식당 안내를 받을 수 있다.

● 지도

도로 지도, 코팅된 거리 지도, 안내서에서 복사한 지도, 휴대폰에 내려받은 지도, 인터넷에서 인쇄한 지도 등 지도는 많기도 한데 다 가볼 시간이 없는 것이 안타까울 뿐이다.

개인적으로 나는 구식에다 가벼운 지도를 선호한다. 도시를 돌아볼 때는 여행안내서에 나와 있는 지도를 복사하여 가지고 다니는 식이다. 현지에서 접이식 소형 지도를 사는 때도 종종 있다. 하이테크 지도를 선호한다면 맵 퀘스트www.mapquest.com나 구글maps.google.com 등 온라인에서 검색한 지도를 휴대폰에 내려받으면 된다.

시애틀에서 여행관련 서적과 지도, 여행용품 전문점 와이드 월드 트레블스www.wide worldtravels.com를 운영하는 시몬 안드러스는 성공적인 여행에 지도가 얼마나 중요한지 강조한다. "이 세상에 나쁜 지도라는 건 없습니다. 단지 자신의 목적에 맞지 않는 지도가 있을 뿐이지요. 처음 계획을 세우는 단계에서는 보다 넓은 지역이 나오는 소축적률 지도가 좋습니다. 여행지에서 하고 싶은 활동을 구체적으로 계획하려면 거리까지 나와야 하니 축적률이 큰 지도가 있어야겠지요. 요즘은 속표지에 지도가 인쇄된 안내서도 많이 나와 있습니다."

여행안내서와 마찬가지로 대부분의 지도가 2년 또는 3년마다 갱신된다. 그 사이에 달라진 것이 별로 없더라도 최신판의 지도를 구하도록 하자. 시몬의 고객 대다수가 여성인 것은 스스로 여행계획을 세우려면 지도가 절대적으로 필요하기 때문이다.

5
예약의 기술

비행기 표를 예약할 때마다 내 가슴은 두근거린다. 그것이야말로 여행의 세계로 들어가는 문을 열쇠로 여는 것이다. 그것은 또한 새책의 첫 장을 여는 것이다. 여행을 준비하노라면 어느새 모험에 대한 약속과 기대로 마음이 부풀어온다. 그러나 어떤 사람들, 특히 인터넷에 익숙하지 않은 이들은 이런 과정이 만만찮게 느껴질 수도 있다. 요즘은 많은 것들이 인터넷으로 이루어지기 때문이다. 이 장에서는 여행을 순조롭게 준비할 수 있도록 검증된 비법을 공개한다.

- 예약은 언제 하나?

국내여행이든 해외여행이든 항공권은 미리 예약하는 것이 경제적이다. 떠나기 바로 전 날이라도 공항에서 구하는 것보다 낫다. 항공사에 따라 여행 시기나 예약 시점과 상관없이 똑같은 가격으로 항공권을 판매하는 곳이 있다. 또 왕복권의 절반 가격으로 편도권을 판매하기도 한다. 그러나 대부분의 항공사에서는 좌석의 유무, 만석의 필요성 그리고 경쟁사의 현재 가격에 따라 가격을 책정하므로 요금이 오르내리게 된다.

항공권은 여행 목적지와 날짜가 정해지는 대로 구입하자. 일정이 유동적이라면 예약 검색 사이트에서 여러 날짜를 검색하여 가장 유리한 가격을 찾아 예약하면 된다. 출발지가 미국인 경우 마지막 순간에 비행기표를 사야 한다면 터무니없이 비싼 요금을 내야 하는 경우가 대부분이다. 이럴 때는 라스트 미니트 www.lastminute.com 같은 온라인 할인판매 사이트를 이용하거나 여행사를 통해 유리한 항공권을 구입하자.

- 주요 검색 엔진

항공사에서 직접 항공권을 사는 것이 여행 검색 엔진을 통해 예매하는 것보다 더 저렴할 때도 있다. 또 만약 문제가 생기는 경우 제3자를 통해 예매했을 때보다 유리한 서비스를 받을 수 있다. 위의 사실을 염두에 두고 이제부터 비행기, 호텔, 렌터카를 위한 온라인 예약을 살펴보자. 주요 검색 엔진으로는 익스피디아 www.expedia.com 오르비츠 www.orbiz.com 트레블로 시티 www.tra

velocity.com를 들 수 있다. 이들 사이트를 통해 대부분의 항공권, 호텔과 렌터카 대리점을 검색할 수 있다. 루트, 날짜, 목적지와 비행 또는 여행 시간에 따라 검색 엔진마다 가격이 다를 수 있다. 유류 할증료, 예약 수수료, 세금 같은 추가요금은 조회하기 전까지는 가산되지 않을 수 있으므로 깨알같이 작은 활자로 표시된 약관을 반드시 읽어야 한다. 탁송한 수하물의 총량에 따라 요금을 부과하는 항공사도 있으니 유의해야 한다.

우선 견적된 요금이 편도 또는 왕복 가격인지 확인하자. 이들 사이트에서 가장 저렴한 가격을 찾은 다음에 항공사나 호텔, 렌터카 회사에 직접 전화하거나 회사 웹사이트를 검색하여 가장 유리한 가격조건을 찾아낸다. 대부분 가격이 같거나 조금 낮을 수도 있다. 그렇다면 예약을 하면 된다.

행선지가 여러 곳인 나구산도 이들 사이트를 통해 예약이 가능하다. 한 도시로 들어가서 다른 도시에서 나오거나 여러 도시를 여행하면서 편도요금으로 예약하고 싶지 않을 때 편리하게 이용할 수 있다. 날짜에 여유가 있을 때도 유용하다. 예약 검색 엔진으로 예정 일자 며칠 전후로 가장 유리한 요금을 가격을 찾아내면 된다. 소규모 지방 항공사는 주요 검색 엔진에 포함되어 있지 않으니 해당 항공사의 사이트를 따로 검색해야 한다.

★ **생생 팁!** 웹사이트에서 신용카드로 결제하는 경우 브라우저 아래쪽에 자물쇠 아이콘이 뜨면 기밀 정보를 입력해도 안전하다는 표시이다. 자물쇠 아이콘이 보이지 않으면 절대로 신용카드 번호를 입력하지 말라.

| 항공권을 예약한 후에 같은 항공사의 동일한 항공권이 더 저렴한 가격에 판매되는 경우, 항공사에 따라 차이 나는 금액의 전부 또는 일부를 환불해준다. 항공료는 하루에도 몇 번씩 오르내린다. 자신이 원하는 항공사의 가격 정책을 확인한 다음에 요금이 떨어지지 않았는지 수시로 확인하자. 티켓을 예약한 후에 세일에 들어간 항공권에 대해서도 차액을 돌려주는 항공사들이 있다. 노스웨스트 항공사 www.nwa.com는 온라인 예약의 경우 차액을 환불해주고 원래 요금보다 5달러 이상 저렴한 요금을 찾아내면 50달러 상당의 할인쿠폰을 준다.

| 오전 일찍 출발하는 항공편일수록 출발이 지연될 확률이 낮다. 미 정부 교통통계국 ww.bts.gov에서는 웹사이트를 통해 출발공항 별로 항공편의 출발과 도착 현황 자료를 제공하고 있다.

| 크고 유명한 공항보다 항로와 도로 교통이 덜 복잡한 소규모 공항을 이용하는 것이 경제적이고 편리하다. 한 번은 워싱턴 DC 출장에서 덜레스 국제공항 대신 볼티모어/워싱턴 국제공항을 이용하여 100달러 가까이 절약할 수 있었다. 게다가 항공사에서는 마일리지 서비스에 1등석으로 좌석 승급까지 해주었다.

● 메타 검색 엔진

메타 검색 엔진(인터넷에서 규모가 큰 검색 엔진들에 사용자가 입력한 검색 키워드에 대해 의뢰하여 결과를 가져오는 검색 엔진)은 수백 개의 여행관련 사이트에서 정보를 조사하고 통합하여 가장 저렴한 가격을 찾아준다. 이들 사이트에서 직접 예약이 안 되는 대신 가장 유리한 조건을 제시하는 웹사이트로 연결된다. 카약www.kayak.com 과 사이드스탭www.sidestep.com이 대표적이다. 내 경험에 의하면 예약 시의 요금이 최초 견적가보다 높은 경우가 있었다. 요금을 꼼꼼하게 따져보자.

라스트 미니트는 주말 휴가여행 예약에 적합하다. 이 사이트는 호텔 숙박 또는 렌터카를 포함하는 패키지를 할인된 가격에 제공한다. 추가 상품이 필요하지 않은 경우라도 이곳의 패키지 가격은 다른 곳에서 항공권만 구입하는 것보다 저렴한 편이다. 시간과 항공편이 제한되어 있기 때문에 2주 이상은 예약할 수 없다.

전세계의 저가 항공사 정보를 제공하는 사이트도 있다www.whichbudget.com. 원래는 주말에 저가 항공편으로 유럽 내의 다른 국가로 이동하려는 여행자를 겨냥한 상품으로 출발하여 지금은 수백 개의 공항에 걸쳐 수천여 항공노선에 대한 정보를 제공하고 있다.

- E-티켓 대 종이 항공권

온라인으로 항공권을 예약하면 대체로 E-티켓(전자 티켓)을 받게 된다. E-티켓은 항공권에 대한 확인증이라 할 수 있다. E-티켓의 최대 장점은 분실에 대한 염려가 전혀 없다는 것이다. 항공권의 세부 내역이 항공사 중앙 시스템에 저장되기 때문이다. 공항에는 신분증과 짐만 가지고 나가면 되니 편리하다. 경우에 따라 종이 항공권이 꼭 따라 나오거나 옵션으로 나오기도 하는데 종이 티켓이 왜 필요한지 도통 이해할 수 없다.

국제항공협회 www.iata.org는 E-티켓 전용 제도를 전면적으로 실시하는 데 선도적인 역할을 하고 있다. 협회 대변인에 따르면 개발도상국 중에는 E-티켓 프로그램 실행에 필요한 기술이 없는 국가도 있다고 한다. 원칙적으로 이 제도는 가까운 미래에 전세계적으로 실시될 것이다.

- 마일리지 프로그램

많은 항공사, 렌터카 회사, 호텔 체인과 신용카드사에서 단골고객에 대한 보상제도로 포인트 적립 프로그램을 실시하고 있다. 호텔에 숙박하거나 렌터카를 이용하면 마일리지를 받게 되는데, 무료로 렌터카를 빌리거나 호텔에 숙박할 수 있는 포인트가 쌓이게 되는 것이다. 포인트를 더하기 위해 꼭 비행기를 타거나 차를 빌리거나 호텔에 숙박할 필요는 없다. 마일리지 시스템에서 빈도보다 더 중요한 것이 충성도이다.

노스웨스트를 이용하는 경우 나는 종종 1등석으로 승급 서비스를 받는데, 마일리지 프로그램에 대한 충성도가 높기 때문이다. 때로 나는 요금이 조금 더 비싸더라도 노스웨스트나 자매 항공사를 이용하는데, 그것이 바로 마일리지 프로그램이 의도하는 것이다.

사업 또는 휴가로 자주 여행하는 도시가 있다면 그곳에 있는 호텔과 렌터카 회사 중에서 제일 빨리 포인트를 쌓을 수 있는 마일리지 프로그램을 제공하는 업소를 이용하자.

마일리지 서비스를 이용하여 항공권을 예매할 때는 항공사에 직접 전화하는 것이 가장 유리한 혜택을 받을 수 있다. 항공사들이 마일리지 서비스 등록고객에게 배당되는 좌석을 줄여가는 추세이기 때문에 여행 일자를 여유 있게 잡으면 기회가 올 확률이 높다. 당장은 빈 좌석이 없다 하더라도 고객이 예약을 취소하는 경우 좌석이 생기므로 자주 확인하자. 마일리지 이용 시 좌석을 예약한 후 주어진 날짜 안에 취소하면 마일리지가 감산되지 않는다. 대부분의 주요 항공사에서 비행기 출발 330일 전부터 현금이나 마일리지 서비스로 좌석을 예매할 수 있다. 소규모 또는 신규 항공사의 경우 예매 일정이 다르지만 마일리지 서비스 등록고객을 위해 좌석을 푸는 시기는 전적으로 회사의 재량에 달려 있다. 나는 인도행 항공권을 예약하면서 이 사실을 알게 되었다. 당시 나는 여행 출발 일년 전부터 항공사에 전화를 걸어 마침내 회사에서 단골고객에게 배정힌 좌석을 구할 수 있었디.

마일리지 서비스는 항공권 예매에도 사용하지만, 나는 좌석 승급에 더 잘 이용하는 편이다. 성수기 전후 같이 항공료가 비교적 저렴한 때는 마일리지 서비스를 이용할 이유가 없다. 한 번은 코스타리카행 비행기표를 400달러도 채 못 되게 구입하여 마일리지를 이용해서 1등석으로 좌석승급을 받았다. 휴가의 출발로서는 최고였다. 성수기에는 마일리지로 좌석을 구하기 어렵다는 것을 유념하자. 그렇다고 꼭 불가능한 것은 아니지만.

- 여행 중개인
— **여행사** 가격 면에서는 유리하지 않을 때도 있지만, 개별 서비스

에 관한 한 여행사가 최고이다. 일정이 바뀌거나 항공편이 취소되어 도움이 필요할 때 당신을 대신하여 필요한 조처를 해줄 수 있는 곳이 바로 여행사이다. 출장 중에 항공편이 취소되거나 출발이 지연되었을 때 해당 항공사의 고객센터에서 도움을 받지 못하면 여행사에 연락해보자. 그들의 도움으로 다른 항공편을 구했던 경험이 나는 여러 번 있다.

— **디스카운트 여행사** 콘솔리데이터, 브로커, 할인여행사. 어떤 이름으로 불리든 디스카운트 여행사는 이를테면 창고형 할인매장과 같다고 할 수 있다. 이들은 비행기 좌석, 호텔 객실, 여행상품, 패리, 렌터카를 저렴한 가격에 대량으로 사들여 박리다매로 소비자에게 판매한다.

콘솔리데이터는 항공권과 호텔 숙박권을 묶어 패키지로 판매하므로 두 가지를 따로따로 구입하는 것보다 더 큰 할인 혜택을 받을 수 있다. 디스카운트 브로커는 항공사로부터 항공권을 대량으로 구입해서 저렴한 가격에 고객에게 판다는 점에서는 콘솔리데이터와 같지만 호텔이나 렌터카 상품을 함께 묶어 판매하지 않는다. 왕복 항공권, 세계일주 항공권, 환태평양 항공권 등 여러 형태로 조합한 상품을 구입할 수 있다. 업종별 전화번호부에서 이들 업체들을 찾기 어렵지만 신문이나 온라인 여행 섹션에서는 이들의 광고를 볼 수 있다. 항공사, 검색 엔진과 일반 여행사보다 훨씬 싼 가격을 제공한다.

브로커를 찾아내는 데 내가 자주 쓰는 방법은 주요 일간지의 일요일판 여행 섹션에 매주 계속해서 광고를 내는 회사를 찾는 것이다. 믿을 만한 회사를 찾으려면 회사 상호를 업소신용조사국 www.bbb.org에서 조회하고 조금 비싸더라도 신용카드로 표를 구입하자. 그래야 예약 확인서를 받기 전에 회사가 없어지더라도 상환청구를 할 수 있다.

디스카운트 브로커와는 우스운 경험을 여러 번 했다. 이메일로 받은 예약확인서의 날짜와 티켓 날짜가 다른 적도 있었다. 나는 할증료를 피하려고 수표로 구입했는데 브로커와 항공사 양쪽 모두 내게 청구서를 보내지 않았다. 나는 그리스로 날아가 멋진 시간을 보내기는 했지만 그 회사와는 더이상 거래하지 않았다.

● 좌석 지정

창가, 통로, 비상구 등 신호하는 좌석을 되도록 빨리 요청하자. 가능하다면 항공권을 예약할 때 좌석을 요청하는 것이 좋다. 마일리지 서비스 등록고객은 항공권 예약 시 선호좌석 정보를 함께 알려주면 된다. 특별회원이라면 비즈니스석이나 1등석으로 승급될 수도 있다.

시트 구루 www.seatguru.com에는 항공기 타입별로 좌석배치도가 나와 있어 편한 좌석을 잡는 데 도움이 된다. 좌석배치도가 달라지는 경우가 있으니 통로쪽 좌석에 너무 집착하지 않는 것이 좋다. 항공사에 따라 통로쪽 좌석과 비상구 좌석에 요금을 물리거나 특별회원용으로 남겨두는 경우도 있다.

- 탑승권

  보딩 패스 또는 탑승권은 비행기 출발 24시간 전부터 출력할 수 있다. 탁송할 수하물이 없으면 공항의 티켓 카운터를 거치지 않고 보안 검색대로 가면 된다. 위탁 수하물이 있더라도 공항 차도에 있는 해당 항공사의 커브사이드 체크인을 이용하면 티켓 카운터를 피할 수 있다. 통상적으로 수하물 한 개당 2달러라는 명목상의 요금이 부과되지만, 카운터 앞에서 기다리는 사람들이 많을 경우 그만한 값어치를 할 것이다. 탑승권을 미리 출력할 수 없을 경우에는 항공사 카운터의 무인단말기에서 출력하면 된다.

- 공항 라운지

  게이트를 들고 나는 수많은 여행객들 속에서 라운지는 사막의 오아시스 같은 곳이다. 자신이 선호하는 항공사를 통해 회원권을 구입하거나 프라이오리티 패스 www.prioritypass.com 같이 전 세계의 공항 라운지를 마음껏 들어갈 수 있는 자유이용권을 사면 된다. 이용권은 100달러부터 시작된다. 라운지에는 무료 일간지, 노트북용 무선 또는 초고속 인터넷 접속, 무료 음료와 스낵이 제공된다. 무엇보다도 중요한 것은 조용한 환경에서 쉴 수 있다는 것이다.

★ 생생 팁! 항공사에 따라 1등석 승객에게 라운지 출입을 허용하는 곳이 있다. 해당 항공사 라운지의 리셉션 데스크에서 직접 확인하면 된다.

6
숙소 고르기의 노하우

편안한 여행과 경제적 여행이라는 두 마리 토끼를 한꺼번에 잡기가 쉽지 않다. 별 다섯 개짜리 호텔의 포근하고 안락한 침대에서 하루를 마치고 싶지 않은 사람이 어디 있으랴. 그렇지만 독특하고 재미있는 환경과 진기한 볼거리를 위해 때로 불편함을 감수해야 한다는 것 또한 우리 여행자들은 알고 있다. 꼼꼼한 계획으로 독특하면서도 비싸지 않은 숙소를 골라 여행을 최대한으로 즐겨 보자.

● 가이드라인 몇 가지

솔로여성여행자가 숙소를 정할 때 가장 중요하게 고려할 것은 예산과 취향 그리고 안전한 위치이다. 도심 가까운 곳이 좋을 때도 있지만 아침 일찍 출발하는 비행기를 타야 한다면 공항 근처의 숙소가 편리할 것이다. 요구조건이 많고 편의성의 수준이 높아질수록 선택의 폭은 좁아진다.

| 숙박업소 중에는 인터넷 사이트가 없는 곳이 있으므로 사전 예약이 어려울 수 있다. 그렇다 하더라도 첫날 밤에 묵을 숙소는 반드시 예약하자. 그래야 공항에 도착하는 대로 예약이 확인된 장소로 곧바로 갈 수 있다. 그렇지 않으면 택시나 셔틀버스 기사에게 부탁해야 하는데, 이들이 데려가는 숙소에서는 대체로 기사에게 수수료를 줘어주게 되어 있다.

| 반드시 방을 먼저 둘러본 후에 숙소를 결정하자. 떠나기 전에 예약한 숙소가 안전하지 않은 것 같다면 선금이나 하루 숙박비를 포기하는 한이 있더라도 즉시 그곳을 떠나 다른 곳을 알아보는 것이 안전하다. 여행 첫날은 보통 때보다 요금이 다소 비싼 숙소를 예약하는 것도 권할 만하다. 일단 휴식을 푹 취하고 난 후에 예산에 맞는 숙소를 찾아나서는 것도 좋은 방법이다.

★ **생생 팁!** 체크인하기 전에 객실에 에어컨이나 선풍기 또는 난방시설이 제대로 돌아가는지, 온수가 나오는지 확인하자.

| 인도의 디왈리같이 희귀한 축제 때나 극심한 오지 지역을 빼면

도시든 마을이든 당신의 몸을 뉠 수 있는 공간은 언제든지 구할 수 있다. 다만 열린 마음으로 새로운 경험을 유연하게 받아들일 수 있어야 한다. 용감한 솔로 메리는 수도원 돌바닥에서 하룻밤을 지내야 했다. 프랑스 액상 프로방스에서였는데, 미술 전시회 때문에 호텔이 모두 동이 난 거였다. 물론 그녀는 아침 일찍 기분 좋게 일어나 수도원을 빠져 나왔기에 그곳 수사들이 놀라서 기절하는 일은 일어나지 않았다.

숙소를 정할 때는 종류에 상관없이 현지인들이 운영하는 곳을 택하는 것이 좋다. 현지 커뮤니티를 중요하게 생각하는 비영리 여행단체인 크룩드 트레일 www.crookedtrails.com의 공동 창립자인 크리스 맥케이는 이렇게 말했다. "힐튼 호텔에 머물면서 그 지역의 문화를 느낀다는 것은 불가능합니다. 현지인이 운영하는 게스트하우스나 민박집에 머물면 가족 같이 지낼 수 있습니다. 커뮤니티에 기반을 둔 이런 숙소들은 현지인들이 적극적으로 참여하고 있지요."

이밖에도 숙박 정보를 참고할 만한 곳으로는 www.hostelworld.com, www.hostelz.com, www.hospitalityclub.com 등이 있다.

가격 순으로 숙박시설을 나누어 보면 대체로 다음과 같다.

- 리조트
리조트는 해변이나 스키장 같이 인기 있는 관광명소 또는 디즈

니월드 같은 가족 관광지 안에 위치한다. 수상 스포츠와 오락 등 다양한 활동을 즐길 수 있다. 식당과 상점은 기본으로 갖추어져 있다. 요금을 선불로 계산하여 모든 시설물을 이용할 수도 있고 객실료만 지불하고 그외 시설은 따로 계산할 수도 있다. 솔로 여행자가 이용하기에 리조트는 비싼 편이다. 특히 싱글룸 추가요금이 부과되는 경우에는 더욱 부담스럽다. 반면에 리조트는 무엇보다도 안전하다는 장점이 있다. 다른 사람들을 만나기 쉽고 관광안내 데스크가 있는 곳이 대부분이어서 종일 또는 반일 관광을 편리하게 즐길 수 있다. 스파 시설을 갖춘 리조트도 많이 있다.

- 체류형 스파(데스티네이션 스파)

대부분이 장기 체류자인 고객에게 전문적인 서비스를 제공하는 체류형 스파는 요가, 영양 강좌, 비만과 전신 관리, 몸과 마음을 위한 교양 강좌를 포함하여 모든 스파 서비스를 제공한다는 점에서 리조트와 구별된다. 숙박료와 식사 및 몇 가지 강좌는 요금에 포함되는 경우가 대부분이다. 추가 프로그램이나 트리트먼트는 별도로 요금이 부가된다.

- 호텔

호텔은 숙박시설 중 가장 친숙한 유형으로 선택의 폭이 대단히 넓다. 대부분의 체인호텔은 안전하지만 위치를 잘 따져봐야 된다. 한 도시에 동일한 체인호텔이 여러 군데 있는 곳도 있다. 이런 경우 한 호텔이 다른 곳보다 요금이 훨씬 저렴하다면 불리한 구역에 위치해 있을 확률이 높다. 솔로여행자에게 체인호텔은 썩 바람직한 유형은 아니다.

대부분의 여행안내서는 숙박시설을 저가, 중가, 고가로 구분하여 소개하고 숙소가 위치한 지역의 안전 정보도 제공한다. 저렴한 식당과 배낭여행자가 드나드는 카페가 즐비한 지역이나 기차역 근처에 있는 숙소보다는 다만 몇 블록이라도 떨어진 곳을 택하는 것이 안전할 것이다.

목적지에 도착한 당일에 묵을 숙소는 미리 예약할 것을 권한다. 특히, 밤에 도착하는 경우 안전한 숙소를 찾느라 노심초사해야 하는 스트레스에서 해방된다. 사라는 비교적 넉넉한 예산으로 이집트 여행에 나선 적이 있었다. 그녀는 밤늦게 카이로에 도착하여 택시를 타고 안내서에서 고른 호텔로 향했다. 호텔에 도착하니 새벽 한 시였는데 빈 방이 없었다. "택시 기사가 자기 집으로 가자고 했으나 나는 당연히 거절했습니다. 싸구려 호텔을 겨우 하나 찾았는데 어찌나 지저분한지 밤새 한숨도 못 잤어요." 숙소에 대해 아무런 계획 없이 목적지에 도착했다면 공항이나 기차역, 또는 버스 정거장에 있는 관광정보 단말기에서 숙박 관련 정보를 얻을 수 있다. 관광안내소에 문의하는 것도 좋은 방법이다. 또는 여행자들이 많이 모이는 장소, 예를 들면 역이나 정거장, 인터넷 카페의 게시판을 잘 살펴보자.

메리는 유럽 여행에서 영리하고 독창적인 방법으로 숙소 문제를 해결했다. "목적지에 도착해 안내서에서 고른 호텔에 가보면 빈 방이 없는 경우가 종종 있었어요. 이리저리 돌아다니다 보니 기차역 게시판에 안내문이 붙어 있더군요. 가이드가 묵을 만한 곳을 알려주기도 했습니다. 기차역 대합실에 앉아있던 할머니를 따라 당신네 숙소까지 걸어간 적도 있었어요. 숙소에 남은 방이 있는 사람들이 기차역에 나와 관광객을 기다리고 있더군요."

| 일정을 미리 짰다면 여행 전체 기간에 걸쳐 숙소를 예약하면 편안하게 여행을 즐길 수 있다. 아니면 여행 중에라도 전화 또는 인터넷으로 예약하는 것이 좋다. 그렇지 않으면 가는 곳마다 즉석에서 방을 찾아야 한다. 재미는 있겠지만, 숙소를 선택할 수 있는 여지가 별로 없는 곳에서는 스트레스를 받게 된다.

| 중류층을 위한 중소 호텔인 부티크 호텔이 북미를 비롯하여 전 세계에 생기기 시작한 것은 1980년대 말이었다. 부티크 호텔의 공통점은 하나의 테마나 스타일 위주로 인테리어가 독특하다는 것이다. 호텔에 따라 아이디어가 기발한 곳도 있고 가격이 비싼 곳도 있다. 인터넷에서 목적지의 부티크 호텔을 검색해 보자. 캐나다 밴쿠버에 있는 퍼시픽 파라다이스 호텔은 애니메이션 시트콤인 '젯슨Jetson' 스타일 가구로 치장된 펜트하우스와 무료로 제공되는 하겐다스 아이스크림으로 유명하다. 내 방까지 배달된 아이스크림은 맛이 더욱 각별할 것이다.

| 체육관, 수영장, 와이파이Wi-Fi(무선 랜) 등 특별한 요구사항이 있을 때는 호텔에 직접 확인하는 것이 확실하다. 체인 호텔의 웹사이트에 게재된 정보는 일반적인 것으로 특정 목적지에 있는

그것과 다를 수 있다. 내 경험으로는 웹사이트에 나와 있는 체육관이 온라인으로 예약한 호텔에는 없는 경우가 허다했다.

외출할 때 길을 잃을 수도 있으니 호텔 명함을 챙기거나 호텔 이름과 주소, 전화번호를 적어놓는다. 이렇게 하면 택시나 버스 기사에게 목적지를 알려주는 데도 무척 편리하다. 한 번은 멕시코 오하카 주州에 있는 도시를 산책하다가 길을 잃은 적이 있었는데, 한 시간이 넘게 헤맨 끝에 가까스로 호텔을 찾을 수 있었다.

★ 생생 팁! 도시에 있는 호텔에서는 높은 층에 있는 조용한 객실을 요구하자. 전망이 아래층보다 훨씬 좋을 것이다. 신용카드나 현금으로 요금을 결재하기 전에 방을 먼저 둘러보는 것도 잊지 말자.

- 모텔

모텔은 대체로 호텔보다 저렴하며 체인 또는 개인에 의해 운영된다. 문이 주차시설 쪽으로 나있기 때문에 호텔 직원들과 마주치지 않고 드나들 수 있다. 도시의 모텔은 대개 허름한 지역에 위치하고 있다. 소규모 마을에 있는 모텔은 보통 가족 소유로 그곳에 하나뿐인 숙소인 경우가 종종 있다.

모텔은 객실 문이 공공장소 쪽으로 열리게 되어 있어 솔로 여성 여행자에게는 안전하지 않을 수가 있다. 잠금 장치와 체인으로 문을 항상 잠그는 것이 안전하다. 누군가 엿보고 있다는 느낌이 들면 지체 없이 호텔 직원에게 알리자.

- B&B(Bed and Breakfast)

B&B는 말 그대로 아침 식사와 잠자리를 제공하는 곳이다. 전형적인 B&B는 가정집 또는 개인용 방이 딸린 여관으로 그곳이나 근처에 거주하는 주인 또는 관리인이 관리한다. B&B는 개인용 방과 가정식 아침 식사를 제공하는데, 화장실은 방에 딸려 있는 곳도 있고 공동 화장실을 이용하는 곳도 있다. 요금은 중급 호텔보다 조금 더 비싼 편이다. B&B에 묵으면 현지인의 생활을 밀착해서 볼 수 있다. 아침 식사를 식당에서 함께 하므로 다른 여행자들을 쉽게 만날 수 있다. B&B는 전세계에 걸쳐 있으나 북미와 유럽에서 가장 보편적이다.

- 펜션

펜션은 엄격한 의미에서 B&B는 아니지만 대체로 가족에 의해 소규모로 운영되는 호텔로 아침 식사가 제공된다. 펜션은 유럽에 가장 잘 발달되어 있다. 전화나 텔레비전이 없고 공용 화장실을 써야 하는 등 편의시설이 뒤지지만 비싼 호텔을 대신할 수 있는 훌륭한 대안이다. 로마 여행에서 나는 노천카페와 과일 노점상이 줄지어 있는 골목에서 멋진 펜션을 발견했다. 아침이면 근사한 지하식당에 모두 모여 식사를 했는데 다른 여행자들과 어울릴 수 있어 즐거웠다.

- 유스호스텔

전세계적으로 1만 개가 넘는 유스호스텔이 국제호스텔연맹

www.hihostels.com에 등록되어 있다. 유스호스텔은 이름과 달리 젊은이들만 갈 수 있는 곳이 아니라 나이와 상관없이 모든 사람들이 이용할 수 있다. 유스호스텔은 특히 세계여행에 나선 유럽인 가족들과 배낭족들 사이에서 인기가 높은데, 무엇보다도 가격이 저렴하기 때문이다. 여럿이 같은 방을 나누어 쓸 수도 있고 혼자 쓸 수 있는 방도 있다. 개중에는 야간에 통행금지를 실시하는 곳도 있고 낮의 청소 시간에 방을 비워주어야 하는 곳도 있다. 그렇지만 공용으로 쓸 수 있는 부엌이 있어서 다른 여행자들을 만날 수 있는 좋은 기회가 될 뿐만 아니라 식사비를 줄이는 데도 도움이 된다.

유스호스텔은 위치에 따라 요금이 다르며, 보통 하루에 15달러 정도에서 시작된다. 그리 부담되지 않는 회비를 내고 회원으로 가입하면 숙박할 때마다 경비를 아낄 수 있다. 여행 전에 제일 가까운 호스텔에서 가입하면 된다. 여행 중에는 첫번째로 묵는 호스텔에서 직접 가입하자. 유감스럽게도 온라인으로 회원 가입이 불가능하다.

연맹에 가입되지 않은 호스텔도 있는데 신규 시설이거나 연맹이 정한 기준에 못 미치는 곳, 또는 독립운영 체제를 선택한 곳이 여기에 포함된다. 이들 업소들 또한 안내서에 소개되며 인터넷 검색으로도 찾을 수 있다.

위치에 따라 다른 곳보다 조금 더 소란스런 호스텔이 있다. 호주 케언즈 에스플라나드의 호스텔은 24시간 출입이 가능한 데다 유흥업소 밀집지역에 인접해 있어 놀기 좋아하는 사람들이 들어올 확률이 높다. 아일랜드에서 배로 12킬로미터 가야 하는 케이프 클리어 섬의 호스텔은 이와는 대조적으로 조용하다. 특별히 평화롭고 정숙한 분위기를 원한다면 연맹의 웹사이트를 참고하거나 이메일 또는 전화로 유스호스텔에 직접 문의하여 요구조건에 맞는 위치에 있는지 확인하는 것이 좋다.

여름철에는 대학의 기숙사를 여행객들에게 임대해 주는 수도 있다. 이들 하계 호스텔은 주로 북유럽에 있는데 인터넷 검색으로 정보를 얻을 수 있다.

★ 생생 팁! 슬립 색과 베개 커버를 가져가면 침구류가 의심스러운 곳에서 유용하게 사용할 수 있다. 슬리핑백과 비슷하게 생긴 슬립 색은 면이나 실크로 되어 있어 비교적 쉽게 꾸릴 수 있다. 슬립 색을 요구하는 유스호스텔이 많은데, 온라인으로 쉽게 구입할 수 있다. 호스텔에서도 구매와 대여가 가능하다.

- YMCA

숙소를 계획할 때 처음부터 YMCA를 떠올리는 여행자는 아마 거의 없을 것이다. 모든 YMCA가 숙박시설을 갖추지는 않았지만, 전세계에 분포한 YMCA에서 여성 여행자는 개인 또는 도미터리 형태의 숙소를 이용할 수 있다. 가격은 위치에 따라 다르다. 국제 YMCA 웹사이트 www.ymca.int 에서 확인하자.

YMCA에서 묵을 수 있다는 사실을 내가 처음 알게 된 것은 중앙 아메리카 여행 때였다. 유스호스텔이 없는 도시에서 YMCA는 가격 면에서 대단히 훌륭한 대안이었다. 한 번은 나 혼자서 숙소를 독차지한 적도 있는데 내가 지불한 돈은 3달러도 채 안 됐다.

- 홈스왑home swap과 홈스테이

  1주든 하룻밤이든 홈스왑이나 홈스테이를 하면 현지인들 속에서 함께 지낼 수 있다는 장점이 있다. 홈스왑은 휴가 기간 중 자신의 집과 상대방의 집을 서로 맞바꾸어 지내는 것으로, 1주일 이상 여행할 때 편리하다. 장기간 한 곳에서 머물 경우 홈스왑은 매우 경제적인 방법이다. 홈스왑 프로그램은 다음의 웹사이트에서 검색할 수 있다. Home Exchangewww.homeexchange.com, Seniors Home Ex changewww.seniorshomeexchange.com, Green Theme Internati onal Home Exchangewww.gti-home-exchange.com.

  카우치 서핑www.couchsurting.com과 글로빌 프리로더www.globalfreeloaders.com는 여행자를 자신의 집에 무료로 묵게 하고, 또 반대로 여행 중에 무료로 묵을 수 있는 곳을 찾는 웹사이트이다. 숙소는 천차만별이어서 카우치라는 말 그대로 소파에서 자는 것부터 가정식 식사 제공까지 다양하다. 숙소를 구할 때는 웹사이트를 통해 자신을 소개하고 호스트가 될 사람에게 숙소를 요청한다. 웹상에서는 개인적인 정보를 얻을 수 없으며 손님과 주인은 스스로의 책임 아래 연락을 주고받아야 한다. 솔로 여성 여행자로서 낯선 사람의 집에 묵는 것은 특별히 주의를 기울여야 할 것이다. 호스트의 집을 다녀갔던 여행자들의 의견을 참고하자. 만약 호스트가 조금이라도 불편하게 느껴진다면 즉시 그곳을 떠나는 것이 안전하다.

- 농장

시골생활을 경험하고 싶거나 소매를 걷어부치고 일하는 것을 마다하지 않는다면 농장에서 휴가를 보내는 방법도 있다. 가장 잘 알려진 농장 휴가 프로그램은 우프 www.wwoof.org 이다. 여행자는 전세계의 유기농 농장에서 가벼운 노동의 대가로 숙소를 제공받게 된다. 시기에 따라 일이 없을 때도 있지만 하루에 4~6시간 딸기를 따거나 잡초를 뽑는 등 농장 일을 해야 한다. 팜스테이도 전세계에 걸쳐 할 수 있다. 원하는 지역에 대해 인터넷을 검색하자.

- 야영장

야영은 비교적 돈이 들지 않는 여행 방법이다. 땅바닥에 구멍을 뚫어놓은 화장실만 있을 뿐 전기와 상수도는 구경할 수 없는 원시적이고 조악한 야영장에서부터 수도, 하수도, 전기시설까지 완벽하게 갖춘 캠프장까지 천차만별이다. 야영장은 미국과 유럽, 아프리카 전역에서 쉽게 찾을 수 있다. 아시아에서는 야영장이 아직 드물지만 인도에서는 가능하다. 가격은 무료에서부터 시작하여 수영장에 식당, 상점까지 있는 야영장에 머문다면 하루에 30달러까지 올라간다.

유럽과 뉴질랜드, 호주에서는 비공식 야영도 가능하다. 가까운 거주지에 살고 있는 주민들의 허락을 얻어 들판 같은 곳에 텐트를 치는 것이다. 뉴올리언스의 유스호스텔에 머물던 때 나는 뉴질랜드와 영국 친구들을 많이 만났다. 그들은 마음이 내키면 시골에 가서 농지에 텐트를 치고 별다른 문제 없이 휴가를 보내곤 했다며 미국에서는 그럴 수 없는 것에 놀라워했다.

중앙아메리카 오토바이 여행에서 나는 의식적으로 야영을 하지 않았다. 혼자 여행하는 여성으로서 남성우월주의가 팽배한 지역의 야영장에서 홀로 밤을 지낸다는 것이 위험스럽게 느껴졌던 것이다. 그렇지만 혼자서 야영하더라도 안전한 곳 또한 많이 있다. 미국 전역과 알칸 하이웨이를 따라 알래스카까지 여행하는 내내 나는 야영장을 이용했는데 아무런 사고도 일어나지 않았다.

솔로 오토바이 여행을 즐기는 로라는 안전하게 캠핑하는 방법을 비교적 빨리 터득했다. "처음으로 혼자 야영했을 때는 무척 걱정이 되었습니다. 자주 야영하다 보니 요령이 생겨 도착하면 나이 지긋하신 분들부터 찾아다녔습니다. 친절하신 분들이 대부분이어서 아침이면 제게 커피를 가져다주곤 하셨지요."

야영지는 보통 외따로 떨어진 곳에 있기 때문에 야영장까지 차를 가져가거나 버스 같이 대중교통을 이용하여 가까운 정류장에서 내려 걸어가야 한다. 캠핑 장비를 꾸리는 요령은 10장 〈현명한 짐 꾸리기〉에서 자세히 설명한다.

● 산장

산에 오르는 이들에게 오늘은 이 산장 내일은 저 산장에서 묵으며 산을 넘나들며 자연을 마음껏 만끽하는 것보다 더 즐거운 일은 없을 것이다. 캐나다에서 슬로바키아까지 소박한 오두막에서 아름다운 롯지에 이르기까지 등산로를 따라 산장들이 이어진다. 산장에서 묵으며 산길을 걷노라면 아름다운 경치는 물론 현지인과 야외활동을 즐기는 사람들을 만날 수 있다.

| 산장을 이용하면 텐트와 침낭 등 무거운 야영장비를 가지고 다니지 않아도 되므로 짐을 상당량 줄일 수 있다. 출발에 앞서 산행 중 머물게 될 산장에서 쓸 수 있는 시설과 물품을 파악하여 짐을 꾸리자.

| 등산 마니아인 알리슨은 처음 만난 일행과 함께 열흘 일정의 알프스 등산 패키지에 참가했다. "우리는 등산로를 따라 오르다가 산장에서 묵었습니다. 산장이란 단어는 정확하지 않은 것 같아요. 대부분의 숙소가 침구에 식당까지 갖춘 호텔 수준이었으니까요."

| 북미 특히 콜로라도에서도 산장을 이용하여 등산을 할 수 있지만, 산장은 특히 유럽에 잘 발달되어 있다. 원래 유럽의 산장은 야생동물이 사는 지역에서 사람들이 야영하는 것을 막기 위해 시작되었다. 산장은 하루 산행이나 스키 활강에 적당한 거리에 위치하고 있다. 인터넷 검색을 통해 여행지역에서 가장 가까운 알파인 클럽을 찾아 문의하자. 이들 클럽들이 대부분의 산장을 소유하고 운영하는데 산장에 대한 구체적인 정보와 함께 책과 등산 루트가 포함된 소책자도 구할 수 있다.

7 현지에서 돌아다니기

일단 길을 나섰다면, 이제는 여행지에서 어떻게 돌아다닐지 결정해야 할 시간이다. 어느 나라 어느 지역이든 대개 다양한 교통수단이 있어 선택의 폭이 넓다. 편안함과 비용, 일정을 고려하여 가장 적절한 수단을 선택하는 방법을 살펴보자.

- 기차

덜커덕거리는 소리를 내면서 조금씩 흔들거리는 기차에 앉아 차창 밖으로 스쳐 지나가는 풍경을 바라보노라면 무언지 모를 낭만에 빠지게 된다. 비행기로 목적지의 공항에 쿵 내리기보다 느리게 달리는 기차에서 조금씩 변해가는 풍광을 지켜보면 새로운 경험에 대한 기대가 부풀어감을 느낄 것이다.

대부분의 선진국에서 기차 여행은 솔로 여성 여행자에게 매우 편안하고 안전하다.

전국적으로 철도가 잘 발달된 나라에서는 기차 여행이 비행기보다 가격이 저렴하고 버스나 자동차보다 더 빠르다. 기차를 타면 이리저리 걸을 수 있고 스트레칭도 할 수 있어 다른 교통수단보다 편안하기도 하다. 또한 침대칸이 있는 기차도 많고 심지어는 여성 전용 침대칸을 갖춘 기차도 있다.

공휴일이나 축제같이 아주 바쁜 때를 제외하고 기차표는 출발 전까지 구입하면 된다. 심지어는 출발 당일에 기차역에 나가서 살 수도 있다. 그렇지만 정해진 날짜와 시간까지 목적지에 반드시 도착해야 할 때는 표를 미리 예약하는 것이 안전하다. 역이 여러 개 있는 도시가 있으므로 기차표를 살 때는 도착역이 맞는지 반드시 확인하자.

개발도상국에서는 지갑이 허락하는 한 1등석 또는 침대칸을 예약하는 것이 바람직하다. 사람들이 많이 붐비는 2등이나 3등석보다 훨씬 안전하다. 이 지역의 기차 요금은 비교적 저렴하다.

나는 인도 여행의 한 장면을 지금도 가끔 떠올린다. 이름 모를 시골 마을의 작은 역이었다. 어린 소년이 기차에 올라오더니 두 손을 마주잡고 노래를 부르기 시작했다. 비록 가사는 알아들을 수 없었지만 소년의 노래는 소름이 돋게 아름다웠다. 아홉 살이나 되었을까, 소년은 자기의 목숨이라도 걸린 것처럼 정성을 다해 노래를 불렀다. 소년의 노래는 끝없이 이어졌다. 소년이 잠시 목을 고르는 사이 승객들은 소년에게 푼돈을 쥐어주었다. 그럴 때마다 볼이 발개지던 소년은 다음 정거장에 기차가 서자 내렸다.

― **유레일패스** 영국을 제외한 유럽 18개 국가에서 사용할 수 있는 유레일패스는 유럽 이외 지역에 거주하는 여행자를 위한 것이다. 그 때문에 유럽에서는 유레일패스를 살 수 있는 창구를 발견하기 어렵다. 유럽 내의 주요 도시에 있는 유레일 지원센터에서 20퍼센트 비싼 가격으로 패스를 살 수 있다. 그러므로 유레일패스는 출발 전에 유레일 웹사이트 www.eurail.com 에서 온라인으로 구입하는 것이 제일 유리하다. 유레일패스는 명시된 기간 동안 유효하며 기차를 처음 타는 날부터 효력이 발생한다. 유레일패스 플랙시 eurail pass flexi 는 명시된 기간 동안 날짜를 선택해서 쓸 수 있는 카드이다. 메리는 전적으로 플랙시 패스에 의지하여 유럽 전역을 여행했다. "야간열차를 타면 한 번에 이틀을 쓸 수 있답니다. 오후 7시 이후에 기차를 타면 다음날 승차한 것으로 계산되거든요. 당일 저녁부터 다음날 종일토록 기차를 타도 패스는 하루치만 쓴 걸로 됩니다." 야간열차는 또한

숙박비를 절약할 수 있는 장점이 있다.

| 유레일패스는 장기간 그리고 기차표가 비싼 구간에 이용하는 것이 유리하다. 이탈리아의 북서지방 같이 작은 지역을 여행할 때는 유레일패스를 이용하는 것보다 구간별로 기차표를 구입하는 것이 더 경제적이다.

| 영국 철도 이용권인 브리트레일 패스 등 다른 패스는 해당국에 입국하기 전에 다른 나라에서 구입해야 한다. 이들 패스는 구입한 날로부터 6개월 간 유효하며 처음 승차한 날부터 효력이 발생한다. 영국과 호주를 포함하여 유럽 전역의 기차표 구입에 대한 정보는 레일 패스 www.railpass.com를 참고하라. 일반적으로 널리 알려진 유레일패스 외에 일본, 인도, 호주, 뉴질랜드와 아프리카 일부에도 철도 이용권이 있다. 때로 기차와 버스, 기차와 패리를 결합한 콤비네이션 패스도 있다.

| 토마스 쿡은 전세계의 기차 시간표 정보를 완벽하게 제공하고 있다. 여행 일정을 보다 효율적으로 짜려면 토마스 쿡 www.thomascookpublishing.com에서 유럽 또는 해외 기차시간표를 구입하는 것이 좋다.

● 배와 패리

패리 Ferry는 그리스의 산토리니 섬을 출발하여 크레타로 향하고 있었다. 나는 갑판에 올라 느릿느릿 수평선 아래로 지는 해를 바라보았다. 하늘은 빨강과 분홍으로 불타올랐다. 배가 미끄러지듯 에게해로 들어서자 섬이 천천히 사라졌다.

| 바다 위를 떠다니는 배와 견줄 만한 교통수단이 있을까? 내륙 지역만 다니는 것이 아니라면 여행 중 단 하루라도 배를 타보자. 보트, 배, 뗏목, 캐터매런, 소형보트, 꼬리가 긴 보트, 모터보트 등 어떤 것이든 좋다. 단, 구명보트만은 부디 참아주기를!
| 페리 승선권을 예약해야 하는지는 경우에 따라 달라진다. 엄청난 페리 루트를 자랑하는 워싱턴 주에서는 대체로 예약을 하지 않아도 된다. 물론 선착순으로 배에 오른다. 그러나 일반적으로 장거리 항해에서, 특히 침대칸을 원한다면 예약은 필수이다. 단거리 여행에서도 좌석을 확실히 챙겨야 할 때는 미리 예약하자. 주요 페리 중에는 온라인으로 예약한 것도 있다. 웹사이트의 FAQ(자주 묻는 질문)를 참고하여 온라인 예약이 가능한지 또는 출발 당일에 표를 구할 수 있는지 확인하자.
| 성수기가 아니라면 단거리를 운행하는 배편은 며칠 전에 예약하면 쉽게 표를 구할 수 있다. 물론 특정한 행사를 위해 정해진 날짜에 도착해야 한다면 일찍 예약할수록 느긋한 마음으로 여행할 수 있을 것이다.
| 승선권은 페리 회사에서 직접 구입하는 것이 유리하다. 여행사나 예매처에 의뢰하면 수수료가 부과된다. 그러나 때로, 특히 현지어가 불가능한 경우, 다른 사람에게 의뢰하는 것이 더 유리한 때도 있다.

● 자동차
국가에 따라 운전방식이 이제껏 해왔던 것과 180도로 다른 곳

이 있다. 북미에서는 지역에 따라 달라지기도 한다. 반대편 차로를 달리는 차를 한 번 떠올려 보라. 시드니 출장 중 내 보스는 내게 운전대를 넘겼다. 그는 물론 뛰어난 운전자였지만 갑자기 우측으로 바뀐 운전대와 반대편 차도를 달리는 데는 익숙하지 않았기 때문이다.

여행 관련 인터넷 포럼과 안내서를 참고하면 외국의 운전 관습에 대해 일반적인 정보를 얻을 수 있다. 예를 들어 중앙아메리카에서는 깜박이를 켜면 추월해도 괜찮다는 뜻이다. 텍사스에서는 대부분의 운전자들이 주행속도에 관계없이 추월선으로 달린다. 반면에 독일과 프랑스에서는 자동차 경주 연습 중이거나 옆으로 다가오는 BMW나 르노에 치어 만신창이가 되고 싶은 운전자를 빼고는 늘 주행선으로 달린다.

— **자가용차** 북미 여행에서는 출발 전에 미국 자동차협회(AAA) 또는 캐나다 자동차협회(CAA)의 긴급출동 서비스에 가입하는 것이 좋다. 자동차가 고장 날 경우 견인 서비스 외에 지도, 여행안내서, 여행용품, 자동차보험과 건강보험까지 다양한 서비스를 제공한다. 어디선가 백마를 탄 왕자가 당신을 구하러 나타나는 것이 아니라면, 이것이야말로 완벽한 대비책이다.

이들의 서비스는 아무리 칭찬해도 부족하다. 한번은 내 차가 시내 네거리에서 그만 멈추어 버렸다. 아무래도 조짐이 보여 AAA 회원에 가입한 직후였다. 현지에서 전화를 하자 AAA 긴급차량이 득달같이 달려와 퍼져있는 내 차를 견인해갔다.

| 여행 중 안전한 운행을 위해 출발에 앞서 모든 장치와 부속을 살펴보고 제대로 작동하는지 점검해야 한다. 적절한 수리 공구와 운전자 통합메뉴얼도 잊지 말고 챙기자.
| 타이어 교환에 필요한 도구와 사용방법을 익히고 조명장치와 기초 공구도 갖추어야 한다. 여성 운전자들은 대부분 자동차 부속과 공구에 약하기 마련이다. 그렇다 해도 문제가 생기면 원인을 찾기 위해 적어도 여기저기 만지작거리고 들여다보는 정도의 노력은 해야 할 것이다. 스스로 고칠 수 없을 때는 긴급차량 서비스에 의뢰하자.

— **렌터카** 국내든 국외든 여행을 떠날 때면 나는 가능한 한 일찍 렌터카를 예약하는 편이다. 출발일자가 가깝게 다가올수록 요금이 올라가는 데다 경제적인 치가 먼저 나가므로 이용할 수 있는 차가 적어지기 때문이다. 어찌 됐든 차가 필요하다면 서둘러서 나쁠 것이 없다. 다행히 예약과 동시에 신용카드 결제를 요구하는 회사는 거의 없다. 덕분에 차를 예약한 후에 다시 차를 고르거나 요금이 내려가는 경우 같은 회사와 재예약도 가능하다.

공항에서 직접 차를 빌리는 것보다 조금 떨어진 곳을 이용하는 것이 가격 면에서 유리하다. 사무실이 터미널에 있을 경우 각종 세금이 부과되기 때문이다.

| 최후의 1분 전에 예약하거나 카운터에서 직접 빌릴 수도 있으나 비싼 요금을 낼 확률이 높다. 도착하는 대로 여러 군데를 돌아보자. 다른 카운터에서 제시한 가격을 놓고 흥정하다 보면 보

다 유리한 조건으로 차를 빌릴 수 있을 것이다.
- 자리를 떠나기 전에 차에 찌그러진 곳이나 긁힌 자국이 있나 반드시 확인해야 한다. 아마릴로에서 빌린 차는 우박을 동반한 돌풍으로 찌그러져 있었고 뉴저지에서 빌렸던 차도 여기저기 파이고 긁힌 자국이 있었다. 다시 공항 안으로 들어가는 한이 있더라도 렌터카 카운터와 문제점을 확인해야 나중에 차를 돌려줄 때 성가신 일이 일어나지 않는다.
- 탱크에 기름이 가득 차 있는지 반드시 확인해야 한다. 만약 가득 차 있지 않으면 채워주거나 휘발유의 양을 기록하도록 요구하자. 기름값이 천정부지로 올라간 판에 남의 여행비에 보태줄 이유가 없다. 또한 차를 돌려줄 때는 잊지 말고 휘발유를 채우자. 공항에서 나오는 길에 첫번째 주유소를 확인해놓으면 돌아갈 때 쉽게 주유할 수 있다. 공항에서 제일 가까운 주유소를 찾느라 여러 번 헤맨 끝에 얻은, 꽤나 값비싼 교훈이다.
- 미얀마 같이 외국인이 차를 빌릴 수 없는 나라도 있다. 그곳에서는 외국인은 아예 차를 운전할 수 없도록 되어 있다. 이들 국가를 여행할 때는 현지 여행사를 통해 기사를 고용하거나 기꺼이 운전을 맡아줄 사람을 만나는 행운이 따라야 한다.

★ **생생 팁!** 북미 이외 지역의 렌터카는 대부분 수동식으로 스틱을 조정할 줄 알아야 한다. 외국의 낯선 도로에서 운전을 배울 생각은 아예 하지 말 것.

- 셔틀

여행에서 육상 교통수단은 경비가 많이 들어가는 항목이다. 교통비를 조금이라도 줄이려면 공항, 기차역 또는 버스역에서 무료로 픽업해주는지 호텔에 확인해보자. 무료 픽업 서비스가 없을 때는 택시를 타는 것보다 개인이 운영하는 셔틀 업체를 이용하는 것이 유리하다. 이들 업체 중에는 웹사이트를 통해 예약할 수 있는 곳이 많이 있다. 또는 목적지에 도착해서 교통안내 데스크에 문의해도 좋다. 차가 길을 돌아서 가는 경우가 있지만 그렇다 해도 다른 동승자들이 있으니 택시요금보다 훨씬 저렴할 것이다.

셔틀 서비스를 예약할 때는 전화나 이메일을 통해 만날 장소를 약속하자.

- 택시

공항을 오고 가는 것이든 여행지 이동이든 택시 외에 다른 교통수단이 없다면 처음부터 택시 기사와 요금에 대해 오해가 생기지 않도록 확실하게 해야 한다. 예를 들어 영어로 15와 50은 아주 비슷하게 들린다. 택시 승차장 주변에서 머뭇거리는 여행자들에게 함께 탈 것을 과감하게 제안해보자.

대부분의 공항에서 중심 구역을 벗어나 택시를 타면 비행기 도착지역에서 타는 것보다 요금이 훨씬 싸다. 여행안내서를 참고하여 어느 지점이 제일 유리한지 알아보자. 멕시코 푸에르토 바야르타의 경우 공항에서 길만 한 번 건너서 현지인들이 이용하는 택시 승차장으로 가면 요금을 3분의 1까지 줄일 수 있다.

- 버스

버스는 기차나 보트가 가진 낭만이나 매력을 기대할 수 없지만, 미국 같이 철도가 잘 발달되지 않은 나라에서는 목적지 이동에 있어서 가장 경제적인 교통수단이다. 버스로 장거리 여행을 할 계획이라면 사전에 예약하자. 터미널에 일찍 도착해야 좌석이 지정되지 않은 경우 앞쪽 통로쪽 같이 좋은 좌석을 차지할 수 있다.

도시 안에서 운행되는 단거리 버스는 선착순으로 타게 되어 있다. 통근 시간대와 같이 바쁜 운행 시간에는 서서 갈 각오를 해야 한다. 대부분의 기사가 잔돈을 준비하지 않으니 요금을 맞게 준비하자.

대부분의 도시와 경치가 좋은 시골 지역에서는 버스 투어를 제공하고 있다. 버스 투어를 이용하면 그 지역의 주요 관광지를 한꺼번에 볼 수 있다. 자동차를 빌리지 않고 주요 명소를 모두 둘러볼 수 있는 데다 많은 현지인들을 만날 수 있으니 일석삼조라 하겠다.

- 자전거

자전거가 있으면 도시든 시골이든 대중교통에 의지하지 않고 돌아다닐 수 있다. 자전거 마니아라면 전체 또는 일부 일정에 자전거를 이용하는 것도 바람직하다. 자신의 자전거를 가져갈 수도 있고 일정에 따라 현지에서 일 또는 주 단위로 빌릴 수도 있다. 혼자 여행도 가능하고 패키지 자전거 투어에 합류해도 된다.

당일 사용할 자전거는 자전거 숍에서 틀림없이 빌릴 수 있지만, 유스호스텔이나 다른 숙소에서도 무료 또는 유료로 빌릴 수 있다. 수많은 웹사이트를 통해 전세계 곳곳에서 자전거 대여와 관련된 정보를 알 수 있다. 자신의 신체조건에 맞는 자전거를 확보하려면 일찍 예약하는 것이 유리하다. 바구니와 트레일러도 함께 빌릴 수 있으며, 심지어는 호텔까지 배달해주는 곳도 있다.

비벌리는 자전거를 제1 교통수단으로 하여 볼리비아를 다섯 차례 여행한 것을 비롯하여 자전거로 세계를 누비고 있다. 그녀는 짐이 너무 많으면 혼자 다니기 어렵다고 했다. "사전에 현지에 있는 자전거 전문점에 의뢰하면 본국에서 장비를 부칠 수 있습니다. 자전거를 비행기 수하물로 부치려면 자전거 상자가 필요합니다. 아니면 바이크 프라이데이를 하나 마련해도 되겠지요." 바이크 프라이데이는 접이식 자전거를 일컫는다. 접이식 자전거에 대한 정보는 바이크 프라이데이 웹사이트 www.bikefriday.com 에서 얻을 수 있다.

- 오토바이

로라는 북아메리카와 유럽의 대부분을 오토바이로 여행했다. "나는 혼자서 하는 오토바이 여행을 정말 좋아합니다. 사람들이 내게 관심을 가지는 것도 즐겁습니다. 오토바이 하면 험악한 턱수염에 패치워크 가죽옷을 입은 남자를 연상하게 되잖아요.

사람들은 여자가 오토바이를 타는 것에 은밀한 환상을 가지고 있는 것 같아요. 그래서 여행 중에 정말로 많은 사람들을 만나게 됩니다."

오토바이 여행을 하려면 오토바이를 목적지로 부치거나 아니면 목적지에서 빌려야 한다. 빌리는 경우에도 헬멧, 가죽바지, 비옷, 장갑 등 자신이 평소 쓰던 것들을 가져가야 최대한 편안하고 안전한 라이딩을 즐길 수 있다. 대여한 오토바이는 물론 자신의 오토바이를 외국에서 탄다 해도 보험 가입은 거의 불가능할 것이다. 하지만 여행지의 보험사에 문의해볼 필요는 있다.

솔로 오토바이 여행쪽으로 마음을 굳혔다면 아주 구체적인 것까지 꼼꼼하게 계획을 세워야 한다. 나는 BMW F650를 타고 시애틀에서 파나마까지 9주 동안 여행한 경험이 있다. 많은 사람들이 마음으로 응원해주었고 구체적인 도움을 준 이들도 있었다. 나는 여행 루트를 짜고 호텔과 식당, 필요한 상점을 찾아내고 여행보험을 추가로 들었다. 오토바이를 국내로 들여오는 것도 탁송업체에 의뢰했다. 설마, 파나마에서 시애틀까지 그 멀고 험한 길을 다시 오토바이로 돌아오리라고 생각하는 사람은 없겠지?

오토바이 여행에서는 오토바이 외에 대안이 없다. 그것은 로라에게도 마찬가지였다. "야영장에서 오토바이를 멈추면 이상한 일이 벌어지곤 했습니다. 저 말고 다른 사람은 하나뿐인데 수상해 보이는 남자라거나 술에 취해 있다거나 하는 식이었어요. 그러면 다시 오토바이를 몰고 30킬로미터를 넘게 달려 다음

캠프장까지 가야 했습니다. 만약에 자전거였다면 그렇게 하지 못했겠지요. 조금이라도 이상하다는 느낌이 들면 무조건 떠났습니다."

| 익숙하지 않은 지역에서 손수 운전할 때, 특히 오토바이의 경우, 야간 운행은 절대 금물이다. 아침 일찍 떠나서 점심식사 겸 휴식을 취하고 오후 일찍 숙소를 잡고 쉬는 것이 바람직하다. 이렇게 하면 오후나 이른 저녁에 관광을 할 수 있는 자유시간을 벌 수 있다. 니카라과에서 저녁 늦게 나섰다가 고생한 적이 있었다. 그라나다로 가다가 길을 잃은 거였다. 주유소에서 방향을 물었더니 요란한 조명에 번쩍거리는 번호판이 달린 자동차 안에 꾸겨지듯 앉은 현지인들이 내게 따라오라며 손짓했다. 그들을 따라가면 길을 더 헤매게 될 것이 확실했다. 나는 가까스로 길을 찾아 안전하게 그라나다에 도착했지만, 다시는 그런 일이 일어나지 않도록 주의를 기울였다.
| 내 경험으로는 오토바이로 하루에 300~450킬로미터를 운행하는 것이 라이더와 뒷좌석 동승자 모두에게 적당하다.
| 오토바이 전문여행사에 의뢰하면 오토바이를 여행 출발지점까지 보내고 다시 본국에서 받는 것부터 루트, 호텔, 식사, 가이드에 오락까지 모든 것을 알아서 준비해준다. 글로브라이더www.globeriders.com는 소규모 그룹을 위주로 오지 구석구석까지 탐험하는 오토바이 전문 여행사이다. 물론 모험가를 위한 여행이다. 마드리드에 있는 이베리안 모토투어www.imtbike.com는 스페인과 모로코 여행 전문이며 모토 디스커버리www.motodis

covery.com는 도로와 오프로드 라이딩을 아우르는 중앙아메리카 전문 여행사이다.

- 현지 교통수단

여행 중에는 가능한 한 릭샤나 미니버스 같은 현지의 교통수단을 자주 이용하자. 개발도상국가에서는 이들 교통수단이 관광산업의 근간을 이루고 있다. 주민들은 여행자가 낸 돈으로 가족을 먹여 살리고 여행자는 독특하고 재미있는 탈것을 즐기는 것이다.

대부분의 탈것이 동력으로 움직이는가 하면, 릭샤나 사이클로같이 페달을 발로 밟아야 하는 것도 있다. 모터가 있는 탈것에는 발리의 미니벤 베모, 라틴아메리카의 버스 콜렉티보, 동남아시아의 삼륜차 툭툭, 모터 달린 자전거 등이 있다. 옆이 시원하게 뚫린 툭툭을 타고 방콕 거리를 달리거나 지붕이 있는 3륜 자전거에 몸을 싣고 베이징 거리를 느리게 돌아다니노라면 누구라도 이국의 정취에 흠뻑 빠져들게 마련이다. 향기든 악취든 온갖 냄새와 소리까지 더해 오감이 활짝 열리는데 다 현지인에게 경제적인 도움을 줄 수 있으니 현지의 탈것은 꼭 이용하자.

요금은 애초에 정하는 것이 좋다. 특히 미터기가 제대로 작동되지 않거나 없을 경우에는 액수를 숫자로 표시하고 화폐단위도 명확하게 하자.

발리 여행에서 나는 잊지 못할 경험을 했다. 공항에서 30킬로미터 떨어진 우부드 섬으로 가는 길이었다. 몹시 피곤했기에 나는 편안한 차를 타고 싶었다. 내심으로는 영어권 관광객들과 함께 에어컨이 빵빵하게 나오는 셔틀을 타고 싶었지만 마지막 셔틀을 그만 놓치고 말았다. 나는 장을 보고 집으로 돌아가는 일단의 아낙네들과 함께 픽업 트럭에 올라타게 되었다. 농작물과 꼬꼬댁 꼬꼬 하며 우는 닭이 담긴 바구니를 들고 아낙네들이 차에 오르는 동안 나는 이리 밀리고 저리 밀려 딱딱한 의자에 엉덩이 한쪽을 겨우 걸치고 앉게 되었다. 그렇지만 낯선 이국인들 사이에 끼어 앉아 마구 흔들리는 트럭을 타고 가는 것이 얼마나 좋던지. 알아들을 수 없는 말을 외치듯 내지르는 사람들에 섞여 머뭇대며 트럭 뒤에 올라타던 기억이 어제 일처럼 선명하다. 바람이 내 머리카락을 날려 이마를 간질이던 때의 그 기분 좋은 스릴이라니. 내가 배낭을 들어 조금 옆으로 치우면 그들 또한 짐바구니를 옆으로 밀어 서로에게 자리를 조금씩 넓혀주었다. 그러면서 우리가 나눈 미소도 잊을 수 없다.

8
각종 형식과 절차 챙기기

여행자는 당연히 모든 일정이 순조롭고 재미있기를 바라셨지만, 만사가 원활하게 돌아가려면 철저한 준비가 필요하다. 사실, 해변이나 스키장에서 휴가를 보낼 생각이라면 준비 과정이 더 흥분되는 법이다. 최종 목적지가 어디든 외국으로 떠난다면 여권을 발급받아야 하고 일정을 짜야 하며 서류도 챙겨야 한다. 처음부터 세세한 것까지 준비하면 편안하고 안락한 여행을 즐길 수 있다.

- 여권

해외로 여행하려면 유효 여권이 있어야 한다. '유효'라는 것은 엄밀히 말하면 만기일까지 괜찮다는 뜻이지만, 여행 대상국가에 따라 여권기간 만료 전에 필요한 기간이 다르다. 예를 들면 코스타리카는 입국일로부터 여권 잔여유효기간이 최소한 3개월 남아 있어야 한다. 또한 여권에 공란이 4장 이상 있어야 한다. 만약 이 두 가지 요건 중에 하나 또는 모두를 충족시키지 못한다면 비행기에 탈 수 없다. 육로 여행일 경우에는 국경에서 입국이 거부된다.

미국 시민권자가 첫번째 여권을 신청하려면 전국의 7천여 대행기관 중 하나에 서류를 제출하면 되는데 약 6주의 시간이 소요된다 www.iafdb.travel.state.gov. 여권의 만기는 10년이다. 웹사이트에 게재된 신청서에 기재하여 동일한 여권용 사진 2매, 자동차 운전면허증 같이 정부에서 발행한 신분증을 함께 제출해야 한다.

대한민국은 여권의 위조를 막기 위해 2010년부터 전자여권을 도입했다. 여권발급신청서와 여권용 사진 1매를 신분증과 함께 여권 대행기관에 본인이 직접 제출하면 된다. 전국 대부분의 시, 군, 자치구에서 접수와 교부 업무를 취급한다. 일반 성인의 경우 여권의 만기는 5년 또는 10년이다.

그 외 국가에서는 각국의 가이드라인에 따라 신청하면 된다.

여권은 여행할 때 반드시 소지해야 하는 신분증이자 최고의 귀중품이다. 여권번호와 사진이 있는 쪽을 복사하여 집에 한 부남기고 짐 속에도 한 부 보관한다. 호텔 투숙 시 경찰대에도 등록하는 국가에서는 신분증으로 여권을 요구할 수 있다. 공인된 절차이기는 하지만 미국 정부에서는 다음날로 여권을 회수할 것을 권장한다. 가능하다면 사본을 제출하는 것이 좋다.

| 해외여행 중에 여권을 분실하면 즉시 여행국의 해당 관청과 가장 가까운 본국 대사관 또는 총영사관에 연락해야 한다. 이때 여권 사본이 있으면 대체여권이나 여행증명서를 보다 쉽게 받을 수 있다. 만약 국내에서 여권을 분실 또는 도난당하면 여권사무대행기관에 신고하고 새로 신청하면 된다.

| 카약 여행가인 스잔은 혼자 여행할 때 중요한 서류를 훨씬 잘 챙길 수 있다고 한다. "혼자면 별로 산만해질 일이 없습니다. 다른 사람들에게 신경 쓰지 않아도 되니까요."

- 비자

비자는 외국인에게 정해진 기간 동안 입국을 허가하는 사증으로 여권에 스탬프를 찍어주거나 서류를 내줄 수도 있다. 사전에 미리 비자를 받아야 하는 국가가 대부분이지만, 공항에 도착한 후 여권에 비자 스탬프를 찍어주는 국가도 있다. 여행안내서는 각국의 입국허가 요건을 구체적으로 소개하고 있다. 방문하고자 하는 국가의 대사관이나 영사관 웹사이트에서 비자 정보를 얻을 수 있다.

| 여행하려는 국가에서 비자를 요구한다면 자국 주재 해당국 대사관에서 발급받을 수 있다. 여행 중에는 어느 나라에 있든 해

당국가의 대사관에서 받으면 된다. 경우에 따라 여행이 제한되기도 하고, 미국과 쿠바 같이 양국이 긴장관계일 때는 비자를 아예 발급하지 않는 때도 있다.

비자 없이 공항에 들어갈 수 있는 국가를 여행할 때 사전에 비자를 신청하면 체류기간을 며칠 더 연장할 수 있다. 체류기간 동안 쓸 수 있는 경비가 충분하다는 것을 증명하면 비자 기간을 연장할 수 있다. 만약 비자를 연장할 필요가 있을 때에는 은행 잔고 증명서를 지참하면 편리하다. 또는 본국의 가족이나 친지에게 은행잔고 정보를 팩스나 이메일 또는 우편으로 보내주도록 사전에 조처를 취해놓자. 호주에서 3개월 비자연장을 신청할 때 나는 어머니와 공동으로 쓰는 계좌의 잔고확인서를 제출했다. 결과는 성공이었다. 비록 그 계좌에서 돈을 인출하지 않았지만, 나는 호주에서 더 오래 머물 수 있었다.

레노라의 이야기

| 저는 지난 12년 동안 사업상 미국 전역, 태국 방콕, 이태리의 로마와 투스카니, 프랑스 파리, 영국 런던, 독일 프랑크푸르트 그리고 타이페이와 스페인을 여행했습니다. 빡빡한 여행에서 제게 청량제가 된 것은 어렵게 낸 시간에 즐긴 문화 체험이었어요. 맨하탄과 비슷한 느낌의 밀라노에 갔을 때는 기차를 타고 북쪽으로 가서 맛지오레 호수를 돌아보았지요. 업무를 마치고는 스트레사의 작은 마을에 머물렀습니다. 산책도 하고 작은 보트로 호수 위에 떠있는 작은 섬들을 돌아보기도 했습니다.

| 지중해에서는 공장 주인들과 그들 가족을 사귀는 것이 너무 재미있어 관광에는 별로 흥미가 없었습니다. 그이들은 나를 집으로 초대해서 식구들과 함께 만나는 것을 좋아했지요. 반면에 아시아 사람들은 멋진 음식점으로 나를 데려가곤 했어요.

| 여행에서 제일 중요한 것은 준비입니다. 늘 한 발 앞서서 생각해야 합니다. 비행기가 언제 뜨는지, 셔틀버스 픽업은 몇 시인지, 팁으로 줄 돈은 넉넉한지, 또 얼마를

주어야 하는지, 거스름돈은 있는지, 현지인들은 그럴 때 어떻게 하는지, 이 모든 것을 미리 생각해야 합니다. 무슨 일이든 계획을 세우면 즉흥적으로 하는 것보다 훨씬 쉽게 풀리는 법입니다. 여행지에서 소매치기를 당한 사람들을 보면 대체로 헝클어진 옷 매무새에 풀어진 눈 하며, 첫눈에도 전혀 준비가 안 된 것처럼 보였습니다.

● 자동차 관련 증명서

자동차로 국경을 넘으려면 운전면허증, 차량 등록증, 보험, 소유권 확인서가 있어야 한다. 여권에는 자동차로 입국했음을 알리는 스탬프가 찍힌다. 출국할 때는 자동차를 직접 몰고 나가거나 적절한 세금을 납부하고 자동차를 팔거나 국외로 배송했다는 것을 증명해야 한다.

모든 증명서의 유효기간을 꼼꼼하게 확인하자. 한 번은 운전면허증 관리에 소홀하여 뉴저지 출장 이틀 전에 만기가 된 적이 있었다. 렌터카 사무실에서 지적할 때까지 나는 까맣게 모르고 있었다. 다행히도 그들이 터무니없는 내 실수를 눈 감아주어 차를 빌릴 수 있었다. 지금 생각해도 한숨이 나온다. 휴~.

해외여행에서는 국제운전면허증을 소지하는 것이 좋다. 북미에서는 거주지 근처의 AAA 또는 CAA 사무실에서 운전면허증을 보여주고 쉽게 취득할 수 있다. 꼭 필요하지 않더라도 국제면허증에는 다국어로 번역된 정보가 있기 때문에 다른 나라에서 관계당국에 제시해야 할 경우에 매우 유효하다. 그 덕분에 때로 일이 아주 쉽게 해결되는 수도 있다. 한국의 경우 국내 운전면허가 있으면 운전면허 시험장에서 간단한 절차만으로 교부해준다. 여권과 신청서, 운전면허증, 주민등록증, 도장, 사진 1매가 필요하다.

- 전화번호와 연락처

비상시 연락처와 전화번호를 늘 소지하고 여행가방 안쪽 잘 보이는 곳에 넣어둔다. 그러면 만약 당신에게 무슨 일이 생겼을 때 호텔 직원이나 경찰이 당신의 가족 또는 친지에게 빨리 연락을 취할 수 있다.

또한 여행 중에 소식을 계속 전하고 싶은 사람들의 목록을 따로 만들어서 가지고 다닌다. 연락처 정보를 저장한 휴대폰이나 랩톱이 있다면 각각의 전화번호, 주소와 이메일이 정확한지 확인하자. 그렇지 않으면 최근 연락처를 옛날식으로 종이에 적어서 지니는 것도 좋다.

- 예약과 일정

여행 전에 예약한 모든 것에 대해 예약확인서를 잊지 말고 챙기자. 호텔은 물론 셔틀, 렌터카 그리고 여행 상품까지도. 업체의 내부 시스템이 잘못되어 예약기록이 아예 날아가는 경우가 종종 발생한다. 예약확인서를 지참하면 가격이나 예약 여부에 대해 이견이 있을 때 결정적인 도움이 된다.

| 한 번은 파리의 드골 공항에 도착하고 나서야 셔틀 예약확인서를 빠뜨린 것을 알게 되었다. 문제는 회사 이름이 기억나지 않는 거였다. 나는 셔틀 기사가 내 이름이 적힌 종이를 들고 공항 밖에서 기다릴 거라고 믿었다. 그러나 행운은 내편이 아니었다.
| 그렇게 중요한 것을 잊어버린 어리석음을 한동안 자책하다가 마음을 가다듬고 생각하니 이메일이 떠올랐다. 떠나기 전에 모든 예약확인서를 스캔해서 여행 중에 쓰는 이메일로 전송했던 것이다. 나는 공항 인터넷 카페로 달려가 이메일을 뒤져 예약확인 번호를 알아내서 셔틀 사무실로 전화했다. 그 시간이 되도록 기사는 도착지역 밖에서 기다리고 있었다. 내 이름을 알리는 플래카드나 나의 무사 착륙을 축하하는 팡파르 따위는 없었다. 다만 비행기가 연착된 것으로 생각하고 하염없이 기다리고 있는, 인내심 많은 기사가 있었을 뿐이다.
| 여권, 항공권(이메일에 E-티켓을 저장해 놓지 않았을 경우), 여행자수표, 비자, 신용카드 등 중요한 서류를 모두 복사하여 보관하고 집에 있는 가족이나 친구에게 알려주어 필요할 때 정보를 보내줄 수 있도록 조처하자.
| 업무출장이라면 여행 중에는 프린터를 쓸 수 없음을 감안하여 중요한 모든 서류를 출발 전날 인쇄하여 사용할 순서대로 서류철에 정리하여 보관한다.

- 반드시 챙겨야 할 사본
  - 항공권 예약확인서 또는 E-티켓
  - 비행기 탑승권(출항 24시간 전에 인쇄할 수 있다)
  - 렌터카 예약확인서
  - 셔틀 예약확인서(렌터카를 이용하지 않을 경우)
  - 공항에서 호텔까지 가는 길 약도
  - 호텔 예약확인서
  - 호텔/공항에서 식당까지 가는 길 약도(호텔로 가는 도중에 식당에 들르고 싶은 경우)
  - 업무 또는 기타 회합 장소까지 가는 길 약도
  - 공항까지 가는 길 약도(렌터카를 이용할 경우)

★ 생생 팁! 복합기를 이용하여 중요 서류를 스캔해서 여행 중에 접속할 이메일로 보내놓자. 만약 네팔 트레킹 중에 여권을 잃어버렸다면, 카투만두의 인터넷 카페에서 메일함에 들어있는 여권을 인쇄하면 된다. 돈과 시간이 절약되는 데다 다음 절차도 쉬워진다.

- 청구서

집을 나서기 전에 각종 청구서, 융자금, 임대료, 자동차 할부금을 모두 납부하거나 자동이체로 돌려 놓는다. 옛날식대로 우표를 붙인 봉투에 대금을 넣고 날짜를 표시하여 때가 되면 우체통에 넣어달라고 친구에게 부탁할 수도 있다. 한 번은 남자친구에게 부탁하고 여행에서 돌아와 보니 편지 봉투들이 먼지를 수북하게 뒤집어쓴 채 내가 놓아둔 그 자리에 그대로 있었다. 맙소사!

★ 생생 팁! 여행에 앞서 신용카드 회사에 연락하여 여행할 나라가 어디인지 알려주자. 카드사는 그 나라에서 청구된 대금을 승인하게 된다. 또한 당신의 카드가 도난당한 카드로 간주되어 카드정지되는 일이 일어나지 않는다.

외국에서 전화로 은행 계좌번호를 알려주어 카드대금을 지불할 때는 카드사의 일반전화에 콜렉트 콜로 전화한다. 전화로 지불하면 대개 추가 수수료가 부과되지만, 대신 온라인으로 계좌에 접근할 수 없거나 연체가 있을 경우 문제를 해결할 수 있다. 중앙아메리카 여행에서 나는 카드사에 수수료로 15달러나 지불했다. 그래도 연체보다 유리하다.

● 처방전과 의료기록
여행기간 동안 충분한 약을 챙기는 것은 기본이다. 약을 분실할 경우를 대비하여 처방전을 예비로 가져가자. 약은 현지 약국에서 쉽게 조달할 수 있다. 외국에서 구입한 약의 안전성에 대해 말이 많지만 실제로 문제가 발견된 예는 거의 없다.

안경이나 콘택트 렌즈 처방전도 가져가자. 본국보다 훨씬 저렴하게 파는 곳이 있으면 여벌로 구입할 수도 있고, 또 여행 중에 안경을 잃어버리거나 깨뜨릴 경우 검안 과정을 생략할 수 있으므로 편리하다.

병력이 있다면 의료기록을 가져가는 것이 좋다. 그러면 본국의 주치의가 팩스로 보내준 기록을 받을 때까지 기다리지 않아도 된다. 여행에 대비하여 예방접종을 했다면 옐로 헬스카드라 불리는 국제 예방접종 증명서를 지참하자. 더 자세한 내용은 9장 〈건강하게 여행하기〉를 참고할 것.

9 건강하게 여행하기

여행 중에 잘 먹는다는 것만으로 건강하다고 할 수는 없다. 여행을 떠나기 전에 직절한 체력 관리와 예방접종으로 몸을 준비하고 질병을 예방하는 방법도 알아놓아야 한다. 건강과 관련하여 위급한 상황이 발생했을 때 대처하는 방법을 미리 숙지하여 정신적, 감정적으로 동요하지 않도록 준비하자.

- 의료보험과 여행자보험

    자신이 가입한 의료보험으로 여행 중 비상 또는 응급치료가 필요할 때 보장되는지 약관을 꼼꼼히 살펴보자. 여행자가 의료비를 현지에서 우선 지불하면 사후에 본국에서 지급하는 보험사도 있다. 해외에서 발생된 의료비는 보장되지 않는 보험도 있다. 보장한다 하더라도 모험 스포츠나 오토바이 주행 같은 활동은 보장범위에 들어가지 않는 경우가 대부분이니 주의해서 살펴보자.

★ **생생 팁!** 당신이 가입한 보험이 해외여행에 적용되지 않더라도 보험카드를 지참하자. 목적지까지 가고 오는 동안 필요할 수도 있다.

| 여행자보험은 여행 중에 발생할 수 있는 다양한 사고를 보장해준다. 몇 가지 예로 취소되거나 연기된 여행상품, 수하물 분실에 따른 배상과 이송경비, 응급치료비, 의료비에 대한 보상을 들 수 있다. 또한 재해사망에 대한 보험금도 지불한다.

| 만약 패키지 여행 또는 환불이 안 되는 호텔이나 항공권 구입에 막대한 돈을 들였다면 여행자보험 가입을 고려하자. 여행을 취소하게 될 경우 비교적 적은 보험료를 내고 큰 금액을 받을 수 있다. 이외에도 약관에 따라 다르지만 소지품 도난이나 치과 관련 치료비 등을 보장한다. 인슈어 마이 트립 www.insuremytrip.com 에 접속하면 20여 개 보험사의 가격을 비교할 수 있다.

| 이송보험은 위중한 사고나 질병의 경우 현지 병원에서 치료받

고 싶지 않을 때 다른 의료시설로의 이송을 보장해준다. 예를 들어, 심한 골절의 경우 서구에서 공부한 의사가 있는 병원에서 치료받고 싶을 것이다. 아예 귀국을 결정할 수도 있는데, 이 경우 이송비용이 6만 달러를 훌쩍 넘는다. 이송보험 가입자는 추가비용 없이 본국으로 이송된다.

나는 메덱스 어시스트www.medexassist.com와 메드젯 어시스턴스www.medjetassistance.com 두 개의 보험에 가입했는데 다행히도 아직까지는 쓸 일이 없었다. 가입 절차가 간단하고 보험료 또한 합리적이어서 40대 여성의 경우 한 달 여행에 100달러 미만이다. 마음의 안정을 위해 그 정도의 비용은 지불할 만한 가치가 충분하다.

베티 안은 여행안내원으로서 여행자보험의 중요성을 절감하게 되었다. 이 세상에서 가장 멀리 떨어져 있는 섬인 칠레의 이스터 아일랜드를 안내하던 중 일행 중 한 사람이 위중한 병에 걸렸다. "샌프란시스코에서 환자 후송용 비행기가 네 명의 의료진과 함께 급파되었습니다. 비용이 97,000 달러나 되었습니다. 손님이 수표에 그 금액을 적는 것을 옆에서 보았거든요. 나중에 보험사로부터 돌려받았으니 정말 다행이었지요."

웹사이트 웰니스 콘시어지www.wellnessconcierge.com 운영자인 마를렌 페딘은 단호하게 말했다. "해외여행보험은 당연히 가입해야 합니다. 외국에서 다치거나 아플 때 믿을 만한 병원으로 가거나 국외로 나가려면 돈이 어마어마하게 들거든요."

조의 이야기

| 사고 당시 나는 아프리카에서 사하라 사막을 횡단하고 말리의 팀북투로 가는 길이었습니다. 그런데 그만 한순간의 부주의로 하수도에 빠지고 말았습니다.
| 사고가 난 곳은 가나의 아크라 버스 정류장 근처였습니다. 사람들 사이를 무심코 걷느라 하수도가 길 한가운데 입을 딱 벌리고 있는 것을 보지 못했던 거지요. 콘크리트 하수도는 끝이 칼같이 날카로웠습니다. 떨어지면서 몸을 틀었는데 왼발이 하수도 끝에 걸렸습니다. 하수도가 좁아서 만약 가슴이나 목이 다른 쪽에 닿았다면 아마 나는 죽었을 겁니다. 처음에는 다친 곳이 없는 줄 알았습니다. 마침 근처에 있던 두 청년의 도움으로 간신히 하수도를 빠져 나와서 보니 왼발이 덜렁덜렁하더군요.
| 청년들은 손을 들어 택시를 세워 나를 서아프리카에서 제일 큰 의과대학 부속병원으로 데려갔습니다. 다행히 나는 여행자보험에 가입되어 있었습니다. 보험사의 무료 전화번호로 통화가 안 되길래 일반전화를 콜렉트 콜로 시도했습니다. 그런데 사기 사건이 빈번하게 일어나

서 가나에서 미국으로는 콜렉트 콜이 안 된다는 거였어요. 밤 10시 가까이, 나를 구해준 청년 한 명이 전화카드 파는 곳을 찾았습니다. 그 친구들은 바퀴 달린 들것에 나를 싣고 가게로 데려갔습니다. 마침내 보험사와 통화가 되어 내가 어떤 곤경에 빠졌는지 설명했습니다.

| 단순히 발목이 부러진 사고였기에 나는 그곳에서 치료가 끝나면 목발을 짚고 여행을 계속할 생각이었습니다. 그런데 3차 수술 후 며칠 지나니 붕대 주위로 고름이 나면서 파리가 꾀는 거였어요. 외과의사가 올 때까지 병원에서 받은 치료는 붕대를 덧대고 다음날 붕대를 떼는 것이 전부였습니다. 붕대를 떼자 정말 큰일났다는 생각이 들어서 런던 이송을 위해 수속을 시작했습니다. 최대 보상액이 6만 달러였는데 미국보다 영국으로 가면 더 늘어날 것 같았습니다. 미국에 돌아와서 사고 지점에 상관없이 보상범위는 늘어나지 않는다는 것을 알았습니다.

| 병원의 사무절차가 복잡해서 내가 서양에서 치료를 받아야 한다는 것을 보험회사와 확인하는 데 3일이나 걸렸어요. 나는 원인 모를 증세에 시달렸는데 나중에야 하수도의 배설물로 인해 감염된 것으로 밝혀졌습니다. 그래서 일반 비행기는 탈 수 없었지요. 의사와 간호사를 실은 의료용 비행기가 프랑크푸르트에서 날아왔습니다. 그 비행기로 영국으로 향했습니다. 히드로 공항에 도착

하여 대기하고 있던 구급차에 실려 차링 크로스 병원에 도착한 것이 크리스마스 이브, 밤 1시였습니다.

가나에서 1주 입원, 런던에서 5주 입원 그리고 수술 6번에 전부 61,400달러가 들었습니다. 이 엉뚱한 사고에 내가 낸 돈은 1,400달러와 일년치 보험료 360달러가 전부였습니다. 이송비 특약으로 가입한 덕분에 이송비 또한 보험사에서 전액을 따로 지불했습니다. 내 생애 최고의 투자였지요. 이 모든 일이 내게 준 교훈은 "집 떠날 때는 반드시 보험을 들라"는 거였습니다.

나는 어떤 일이든 그럴 만한 까닭이 있어서 일어난다고 믿습니다. 만약 그때 사고가 나지 않고 여행을 계속했더라면 나는 당시 급속하게 악화되던 코트디부와르 내전에 휩쓸렸을 것이 뻔합니다. 인생은 이리저리 살아가는 것이지, 안전하게 집에만 머물러 있는 것이 아닙니다. 그 사고 후 3년 뒤에 나는 기어코 팀북투를 여행했습니다. 예전처럼 걸을 수는 없었지만, 어쨌든 해냈습니다.

- 약과 처방전

대부분의 사람들에게 알레르기, 과민성 장, 신체적으로 취약한 부분 등 건강과 관련하여 여행 중에 특별히 신경을 써야 하는 문제들이 있을 것이다. 이런 문제들 때문에 여행을 못할 것은 없지만 자신의 한계를 정확하게 알고 특정 소인에 대한 치료법과 약을 준비하면 건강한 여행을 즐길 수 있다.

| 처방약을 가지고 갈 때는 반드시 원래 포장에 보관하고 처방전을 복사하여 함께 지참하면 편리하다. 입국심사 시 약이 필요함을 입증해줄 뿐만 아니라 여행 중에 약이 떨어지거나 약을 잃어버렸을 때 다시 보충할 수 있다.

| 자신의 건강 상태, 복용하는 약, 알레르기 등 구체적인 정보를 담은 의료 바이오 기록을 준비하면 여러 가지로 편리하다. 주치의와 가족의 이름과 전화번호를 함께 기록하면 비상 시에 쉽게 연락을 취할 수 있다. 메딕 어라트 www.medicalert.com 에서는 의료 정보를 USB 범용의 열쇠고리 형태의 디바이스에 저장할 수 있어 필요한 때 의료진들이 당신의 의료 정보를 즉시 볼 수 있다.

● 예방접종

여행 중에 걸릴 수 있는 질병과 바이러스에 대해 공부하는 것은 대단히 중요하다. 물론 말라리아나 웨스트나일 바이러스 감염증 같은 질병에 대해 알고 있다고 해서 그 병에 걸리지 않는 것은 아니지만, 최소한 대처하는 방법은 확실하게 알아두어야 한다. 한국 질병관리본부 웹사이트 www.cdc.go.kr 에는 여행 목적지에 따라 필요한 예방접종 목록이 나와 있다.

| 트래블 헬스 온라인 www.tripprep.com 은 예방접종과 관련하여 믿을 만한 최신 정보를 게재하는 것으로 정평이 나있다. 정보를 얻으려면 회원으로 가입해야 한다. 나는 문신은 말할 것도 없고 주사라는 말만 들어도 기절할 듯 무서워하지만 여행 전에는 반

9. 건강하게 여행하기　137

드시 필요한 예방주사를 새로 맞고 전문 의사와 상담한다.
옐로 헬스카드로 더 잘 알려진 국제공인 예방접종 증명서를 지참하자. 예방접종을 요구하는 국가에 입국할 때 제시해야 한다. 한국에서는 국립검역소와 예방접종 기관으로 지정된 민간 병원과 의원에서 증명서를 발행한다.

★ **나만의 구급상자 만들기**

자외선차단용 선블록 크림	항균 연고
항히스타민제(두드러기, 천식)	부신피질호르몬 크림
소염제	붕대
진통, 해열제	핀셋
모기약	항균 티슈
아세트아미노펜 (진통 해열제)	감기, 기침약
이부프로펜(근육, 관절통)	면봉
순한 변비약	티슈
지사제	

● 구급상자

기성품 구급상자를 구입해도 되겠지만 자신에게 꼭 필요한 것을 골라 직접 마련해도 어렵지 않다. 어떤 것이든 여행용품 사이즈로 준비하고 아스피린을 비롯한 알약은 모두 약 이름을 적은 용기에 담자.

모기, 파리, 벌, 진드기 그 외 성가신 물것에 물리지 않으려면 긴 팔과 긴 바지를 입는 것이 바람직하다. 방충제를 함유한 직물로 만든 의류도 있다. 우스꽝스럽게 보이기는 하지만, 알래스카나 호주에서는 얼굴을 가리는 망이 달린 모자나 모자 테두리에 작은 코르크가 달랑거려 벌레를 날아드는 것을 막는 모자를 구할 수 있다.

★ **생생 팁!** 슬리퍼를 가져가자. 아니면 목적지에서 한 켤레 구입해도 좋다. 어디서든 싸게 살 수 있으니까. 샤워할 때 편리하고 무좀도 방지해준다.

● 자연치료
예방이야말로 최고의 자연치료법이다. 아주 간단한 방법으로도 병균의 전염을 막을 수 있다. 예를 들면 손을 자주 씻고 살균 세정제나 물티슈를 쓰고, 화장실 문은 맨손으로 열지 말고 종이타월이나 옷소매를 이용하고, 문은 발이나 팔꿈치로 밀어서 열고, 손으로 입이나 눈을 문지르지 않는 것 등이다.

건강에 가벼운 이상이 생겨 증상이 나타나면 약부터 떠오르겠지만 보조제나 자연치료법을 고려해 보자. 문제를 근원적으로 해소하는 동시에 면역체계를 강화하는 데 도움이 된다. 구급상자에 들어있는 기본 약품과 함께 자연적인 예방과 치료법을 활용하면 비행기 시차로 인한 피로증세로부터 베인 상처, 타박상과 발진에 이르기까지 다양한 증상을 예방하고 치료할 수 있다. 자연치료가 아직 낯설게 느껴진다면 우선 다음의 방법부터 시작해보자. 3세 이상이라면 모기 퇴치제 대신 유칼립투스 오일을 사용하고, 설사에는 도토리 가루를 물에 타서 먹거나 식초와 꿀을 섞어서 먹으면 잘 듣는다. 호랑이표 연고는 타박상과 벌레 물려 가려운 데 좋다. 차나무 오일은 긁히거나 베인 상처에 잘 듣는다. 노 제트래그www.nojetlag.com에서 나온 천연채료로 만든 약은 시차에서 오는 피로를 완화한다.

> **★ 자연 치료**
>
> 몇 년 전 호주 여행에서였다. 페인트가 벗겨진 공원 벤치에 앉아서 팔을 긁었는데 곧 뾰루지가 생기기 시작했다. 현지 의사는 항히스타민제를 추천했다. 경비도 넉넉지 않았고 가능하면 약을 먹고 싶지 않았기에 나는 차나무 오일 한 병을 사서 며칠 동안 뾰루지에 발랐다. 뾰루지는 아무 부작용 없이 신기하게 가라앉았다. 호주에서 자생하는 차나무에서 추출한 오일은 천연 살균제와 항균제로 널리 알려져 있다. 토착민들은 수천년 동안 이 오일을 여러 가지 질병과 증상에 사용했다 한다. 어쨌든, 차나무 오일은 내 뾰루지에 확실하게 들었다.

- 비행기에서

비행 중에 건강한 식사와 적당한 운동을 하면 목적지에 도착하여 활기차게 여행을 시작할 수 있다. 비행기 시차증을 예방하고 최상의 컨디션을 유지할 수 있는 방법을 몇 가지 소개한다.

— **음료** 비행은 탈수를 일으킨다. 한 시간에 한 번씩 물을 한 컵 마시고 탈수를 부추기는 알코올과 커피의 유혹을 이겨내자. 물을 충분히 마시면 비행 중 생기는 질병을 방지하고 전반적으로 좋은 컨디션을 유지할 수 있다. 평소 소변을 자주 본다면 통로쪽 좌석을 택하는 것이 바람직하자. 옆 좌석에 앉은 사람이 잠이 들면 드나들기가 불편해진다.

— **건강한 음식** 긴 비행은 지루한 데다 무엇이라도 해야 할 것 같은 압박감이 있어 자꾸 먹을 것을 찾게 된다. 항공사에서 제공하는 기내 음식 대신 과일, 견과류, 단백질 바 등 건강한 스낵을 따로 준비하자.

| 건강한 스낵 한 봉지를 먹는 것이 수천 칼로리의 지방, 기름, 설탕, 탄수화물 덩어리인 기내 음식을 먹는 것보다 낫다. 그렇지만 호두 4분의 1컵이면 200칼로리가 훌쩍 넘는다는 것을 명심하자. 장시간 몸을 거의 움직일 수 없으므로 평상시보다 소량을 먹도록 하자.

— **운동** 오랜 시간 움직이지 않고 앉아있으면 다리에 피가 뭉쳐 흔히 이코노미 클래스 증후군이라고 심정맥 혈전증DVT이 발생한다. 뭉친 피의 일부가 폐로 들어가면 치명적인 상황으로 발전할 수 있는데 노소를 가리지 않고 일어난다. NBC 보도 기자인 데이빗 블룸은 이라크 전선에서 장시간 탱크에 앉았다가 DVT로 사망했다. 부종과 피로를 줄이는 탄력양말을 신으면 위험을 최

소한으로 줄일 수 있다. 아메즈 워커 www.ameswalker.com 나 인진지 www.injinji.com 에서 나온 제품이 우수하다.

| 비행 중에는 한 시간이나 두 시간 간격으로 자리에서 앉은 채 스트레칭을 하고 장시간 비행 중에는 기내 통로를 돌아다닌다. 가벼운 운동을 시도하자. 발목을 돌리고, 발을 위아래로 움직이고, 한쪽 무릎씩 번갈아 가슴으로 당기고, 어깨와 목을 돌리고, 양쪽 팔을 번갈아 가슴 앞에서 교차시켜 어깨를 늘려준다.

— **시차증** 시차증은 24시간 주기의 생활리듬이 바뀌면서 일어나는 것으로 밤과 낮에 혼란이 오는 것이다. 시간대가 다른 여러 지역을 여행하다 보면 몸이 목적지의 시간에 적응하지 못해 리듬이 깨져 언제 먹고 언제 자야 하는지 문자 그대로 혼란스러워진다. 시차증으로 몸이 쇠약해지지는 않지만 목적지에 도착했을 때 좋은 컨디션을 유지하기 어려우므로 골칫거리가 될 수 있다. 시차증을 피하는 방법이 여러 가지 있다.

| 노 제트레그는 카모마일을 함유한 알약으로 안전성이 확인되었고 가벼운 수면을 유도하는 데 효과적이다. 웹사이트에서 주문할 수 있고 가까운 약국이나 식료잡화점에서 살 수 있다.

| 수면제는 탈진 상태에 이를 수 있으니 피해야 한다. 낮잠을 자는 것이 좋은 방법이지만, 혈액 순환이 잘 되도록 가끔 움직여야 하므로 가볍게 수면을 취하도록 하자. 수면제를 먹으면 졸린 상태로 목적지에 내리기 때문에 절도나 다른 범죄의 목표가 될 수 있다.

- 목적지에서

일단 목적지에 도착하면 시계를 현지 시각에 맞추고 시간대에 맞추어 행동한다. 만약 한밤중이라면 잠을 자고 휴식을 취한다. 아침에 일어날 수 있도록 알람을 맞추어 놓는다. 수면 안대, 귀마개, 소음차단 헤드폰 등 수면에 도움이 되는 도구를 이용하자.

현지 시각에 빨리 적응하는 비결은 낮잠을 자지 않는 것이다. "낮잠이야말로 사람을 기진맥진하게 만듭니다." 풍경화가이자 야외활동 마니아인 스테파니는 말했다. "뉴질랜드에 도착하자마자 낮잠에 빠졌습니다. 그 때문에 사흘을 엉망으로 보내야 했어요. 보통 나는 비행기를 타면 아주 지겨운 책을 읽곤 합니다. 그래야 잠이 드니까요. 해리 포터 같이 재미있는 책은 절대 사질이지요."

- 물

소다나 주스 등 건강하지 않은 음료를 마시고픈 유혹을 느낄 수 있다. 용기에 담긴 생수보다 가격이 싸기 때문이다. 그러나 물을 능가하는 것은 없다. 시그Sigg통같이 리필이 가능한 물병을 사용한다면 돈도 절약할 뿐 아니라 재활용할 수 있어 환경에도 도움이 된다. 수돗물을 받지 말고 가능하다면 호텔 로비나 체육관 냉장고의 물을 채우도록 하자. 스테리팬www.steripen.com 같은 휴대용 정수기를 사용해도 좋다.

호텔의 물을 마셔도 되는지 확신이 서지 않을 때는 여행안내서를 참고하거나 다른 여행자 또는 호텔 직원에게 현지의 물이 음용수로 적절한지 물어보자.

| 수돗물이 의심스러우면 샤워나 목욕할 때 물을 삼키지 않도록 조심하고 양치할 때도 생수를 사용한다. 방심은 금물이다.

| 생수를 살 때는 마개가 헐겁거나 열려 있지 않은지 꼼꼼하게 살피자. 때로 수돗물을 채워 되파는 경우가 있다. 호텔이나 식당에서 신선한 물이라며 내놓은 물도 의심해볼 필요가 있다. 여행 경험이 풍부한 레슬리는 그녀가 묵고 있는 호텔에서 이상한 일을 보고 아연실색했다. "멕시코의 메리다에서 일어난 일입니다. 호텔 여종업원이 안뜰에 있는 수돗물을 피처에 받아서 식탁에 올려놓고는 식탁보만 새것으로 가는 것을 보았습니다."

| 목마를 때 마시는 한 잔의 오렌지 주스는 대단히 유혹적이지만 거리의 노점상에게서 과일 주스를 살 때는 조심해야 한다. 과일은 깨끗하고 신선할지 몰라도 상인들이 주스를 만드는 데 사용하는 도구가 불결할 확률이 높다. 또 노점상에서 주는 빨대는 새것인지 아닌지 확인하는 것이 안전하다. 종종 남이 쓴 것을 다시 주는 경우가 있다. 생각만 해도 뭔가 넘어올 것 같지 않은가?

★ **생생 팁!** 생수병, 식기 등 입에 한 번 댄 것은 무엇이든 다른 사람들과 같이 사용하지 말자.

● 건강한 식사

여행의 즐거움 중의 하나는 새로운 음식을 먹는 것이다. 그러나 집에서 하는 식사보다 더 많은 칼로리를 섭취하지 않도록 주의해야 한다. 정식 대신 애피타이저 두어 가지를 주문하자. 하루 세 끼를 거하게 먹는 것보다 가벼운 스낵을 대여섯 번 먹는 것이 낫다. 낯선 도시를 돌아다니면서 노천시장이나 노점상을 기웃거리는 것보다 재미있는 일도 드물 것이다.

┃ 다른 지방이든 외국이든 낯선 곳에서 식료품 가게를 돌아보는 것은 그것 자체로 새로운 경험이다. 눈과 코가 즐거울 뿐만 아니라 건강한 식품과 가벼운 스낵을 즉석에서 구입할 수 있다. 신선한 식품에다 먹는 양을 조절할 수 있고 돈까지 절약할 수 있으니 일석사조라 할 만하다.

┃ 엘리스의 경험에서 우러난 충고를 들어보자. "점심 때는 혼자 먹어도 신경이 덜 쓰이니 점심은 거하게 먹고 저녁은 가벼운 것으로 간단하게 먹는 것이 좋습니다." 엘리스의 충고는 여러 모로 유용하다. 점심은 대체로 저녁보다 싸게 먹히고, 오후 시간이 충분하게 남아 칼로리를 소모할 수 있고, 혼자 식당에 들어가도 저녁 때보다 남의 이목을 덜 의식하게 된다.

┃ 크루즈 여행에서는 엄청난 양의 음식이 공짜로 제공되므로 식사조절이 특히 어렵다. 그렇다고 건강하고 가볍게 식사하는 것이 아주 불가능한 것은 아니다. 스테이크나 닭고기를 포식하지 않기 위해 채식 위주로 먹자. 빵 대신 야채샐러드부터 시작해서 배를 든든하게 채우면 많이 먹지 않게 된다. 덧붙여서 체육관에

서 정기적으로 운동하자. 수영과 춤도 좋고, 무엇보다도 기회가 되는 대로 걷자.

| 많은 사람들이 드나드는 카페와 식당에서 사용하는 접시와 젓가락 등 식기에 주의하자. 특히 뷔페 식당 같이 모든 사람들이 함께 쓰는 곳에 식기를 놓는 경우에는 식사하기 전에 알코올 티슈와 깨끗한 냅킨으로 식기를 얼른 닦아서 사용하자.

| 채식주의 등 특별한 식습관이 있다면 때로 양보해야 하는 경우가 생길 것이다. 시골의 작은 마을에 도착한 당신을 위해 주민들이 일주일에 한 번 먹는 닭고기 요리를 준비했다면 그곳 사람들의 정성을 우선 배려하는 것이 예의이다. 나는 그것을 몰라서 실례를 범했다. 스스로 정한 식습관을 고수하기 위해 베트남의 고산족 마을 주민들이 내놓은 닭고기 요리와 집에서 담근 포도주를 거절했던 것이다. 그들은 틀림없이 나를 무례한 사람으로 생각했을 것이다. 내 행동이 후회스럽다. 지금이라면 내게 융숭한 대접을 해준 그들에게 감사했을 것이다.

- 운동

집에서 늘 하는 운동이 있다면 여행 중에도 가능한 한 그대로 하기를 권한다. 숙소에 체육관이 없으면 스트레칭과 요가, 팔굽혀펴기, 윗몸 일으키기로 대신하자. 달리기도 좋다. 북미와 세계 여러 도시에 있는 건강 식당, 운동 시설, 조깅 루트를 수록한 웹사이트도 있다www.athleticmindedtraverler.com.

| 출장 여행시 방을 예약할 때 나는 호텔에 체육관이나 운동시설

이 있는지 항상 확인한다. 대부분 단기 출장이므로 집에서처럼 오래 걷기는 불가능하지만 스테퍼나 러닝머신을 30분에서 45분 정도 이용하면 훌륭한 유산소운동이 된다.

| 관광할 때나 식사하러 갈 때 가능한 한 많이 걷도록 하자. 이렇게 기회가 될 때마다 가볍게 걸으면 살이 찌는 것을 방지할 수 있다.

- 여성 보건

여성이기 때문에 남성들은 걱정하지 않아도 되는 특수한 문제에 부딪치게 되는 경우가 종종 발생한다. 사전에 세심하게 준비하여 소소한 골칫거리나 좀더 심각하게 진전될 수 있는 문제를 예방하자.

- 생리

여행 중에는 몇 달 동안 생리가 아예 없거나 예상치 못한 때에 생리가 나올 수도 있다. 이는 스트레스나 발열, 일상생활을 벗어나 리듬이 깨져서 일어나는 것이다. 이런 상태가 지나치게 오래 계속되지 않거나 임신의 가능성이 전혀 없는 상태라면 크게 걱정하지 않아도 된다.

| 만약 같은 상태가 오래 지속된다면 대사관에 문의하여 해당 마을이나 도시에서 최신식 검사기구와 시설이 있는 병원을 찾는다. 문제가 심각하다고 생각되면 여행을 중단하고 귀국하는 것을 고려해야 한다.

이 세상에는 탐폰이나 생리대를 쉽게 구할 수 없는 곳이 의외로 많이 있다. 남아프리카 구호행동 www.actsa.org 은 "생리에 존엄을"이라는 캠페인을 통해 생리대가 사치품으로 간주되는 짐바브웨 여성들에게 기본적인 생리용품을 공급하고 있다. 이것은 물론 극단적인 예이지만 최악의 경우를 대비해서 나쁠 것이 없다. 전체 여행기간 동안 또는 생리대를 확실히 구입할 수 있는 곳에 도착할 때까지 쓸 수 있을 만큼 충분히 준비하자.

크기가 작은 탐폰을 챙기면 가방 공간을 절약할 수 있다. 여행지가 개발도상국가나 오지라면 위생을 고려하여 삽입기구를 함께 가져가는 것이 좋다. 손 씻을 물이 없을 경우를 대비해서 물티슈도 꼭 챙기자.

탐폰이나 생리대 대신 사용하는 대안 생리대도 있다. 디바컵 www.divacup.com 은 부드러운 의료용 실리콘으로 만들어진 컵으로 생리혈을 모으는 것이다. 하루에 두세 번만 비우면 되는데 한 번에 12시간까지 착용할 수 있다. 안전하고 사용하기 간편하여 여행에 이상적이다.

★ 생생 팁! 피임약을 계속 복용하여 생리를 잠깐 멈추는 것도 고려할 만한 방법이다. 3개월 이상이라면 권장할 수 없지만 여행 중의 생리 해결에 탁월한 방법이다.

- 피임

피임약을 복용하면 여행 내내 생리가 평소와 같이 정상적으로 지속되며 임신에 대한 염려가 없다. 여행기간에 맞추어 충분하게 피임약을 준비하자. 항생제를 복용할 경우 때로 피임약이 듣지 않는 경우가 있으니 주의한다.

| 성관계를 가질 가능성이 조금이라도 있다면 반드시 콘돔을 사용할 것을 권한다. 피임약은 성관계로 전염되는 질병을 막을 수 없다. 부끄러워하거나 망설이지 말고 파트너에게 콘돔을 요구하라. 여행의 기념품으로 성병을 집에까지 가져가는 것은 정말 생각만 해도 끔찍하지 않는가?

- 질염

질염은 스트레스와 항생제 복용이나 꼭 끼는 옷이 주요 원인이다. 장기간에 걸쳐 수영복을 입어도 생길 수 있다. 가려움, 분비물, 발진, 소변시 작열감 또는 냄새 등의 증상으로 질염이 의심되면 처방진 없이 살 수 있는 질 연고를 바르거나 유산균 우유로 만든 요구르트로 세정한다. 증세가 1주일 이상 지속되면 의사의 처방을 받아야 한다. 질염에 자주 걸리는 타입이라면 평소에 사용하는 약을 가져가는 것이 안전하다.

- 방광염

방광염에 걸리면 소변시 작열감이 있고 오줌이 잦아지고 색깔이 짙어진다. 경미한 경우라면 며칠 만에 저절로 사라지는데, 물 또는 크렌베리 주스를 많이 마시면 도움이 된다.

- 임신

  임신 중에 여행을 꼭 해야 한다면 임신 4개월에서 6개월 사이가 가장 안전한 시기이다. 처음 3개월이 지나 혹독한 구토증이 멈춘 데다 조산의 위험도 비교적 낮다. 마지막 세 달은 움직이는 것 자체가 몹시 불편할 것이다.

  항공사마다 규정이 다르지만 대개 국내선은 임신 마지막 달, 국제선은 마지막 5주 동안 항공기 탑승을 금지하고 있다. 칸막이 좌석은 다리를 길게 뻗을 수 있어 편한 반면에 기내 휴대 물품을 좌석 위 선반에 넣어야 하기 때문에 필요한 물건을 꺼내기 번거로운 단점이 있다.

  임신 중에는 여행 대상지도 제한된다. 입국시 요구되는 예방주사와 약품이 임신부에게 안전하지 않거나 시험되지 않은 것일 수 있기 때문이다. 여행 중에 말라리아 같은 질병에 감염되면 뱃속의 태아에게 결정적인 영향을 주게 된다. 여행계획을 세우기 전에 전문의와 상의하여 잠재적 위험이나 문제를 예방하자.

- 질병과 상해 치료

  질병이나 부상의 경우 만약 개발도상국가를 여행 중이라면 외국인 환자를 치료하는 의사나 병원을 찾아갈 것을 권한다. 이들 지역에는 외국에서 공부하거나 위생의 중요성에 대해 철저하게 교육받은 전문 의료진들도 있지만 의학적 교육 수준이 낮은 의료인도 있을 수 있다. 가난한 지역일수록 전반적인 보건의료 시스템이 낙후되거나 최신 시설이 미비한 곳이 많다.

| 국제여행자 의료원조협회 www.iamat.org 는 비영리 단체로서 영어를 구사하고 서구에서 공부한 의료진을 추천해준다. 또한 국가별로 건강과 관련된 위험요소, 필요한 예방접종, 물과 우유, 음식의 위생상태에 대해 조언해준다.

| 생명을 위협하는 상황이 아니라면 인도에서 수천년 동안 사용된 아유르베다 또는 동양의 한방치료 같이 전통적인 전문요법을 고려해보자. 부러진 팔이야 고치기 어렵겠지만, 성가신 감기나 유행성 독감 정도는 고도로 숙련된 이들 전문가들의 지혜와 기술로 저렴하게 치료할 수 있다.

| 열대지역에서는 벌레 물림, 긁힘, 염증 같은 피부 트러블에 세심하게 주의해야 한다. 이들 사소한 트러블이 오염된 바다, 강, 저수지 그리고 상수도로 인해 쉽게 감염될 수 있기 때문이다. 감염을 막기 위해서는 증상 부위를 붕대로 감아주거나 물을 벗어나면 된다.

| 타지에서 병이 나면 좋은 점도 있으니, 현지인들의 환대를 경험할 수 있다는 것이다. 사라는 네팔의 안나푸르나 라운드 트레킹을 하던 중에 더러운 물을 마셔 편모충증에 걸렸다. 그녀는 트레킹을 중단하고 포카라의 출발점으로 돌아왔다. 게스트하우스 주인은 보름 동안 그녀를 간호하고 병이 나을 때까지 보살펴주었다. "게스트하우스의 여주인이 마치 엄마 같았다"며 그녀는 감동했다.

- 여행 중에 생길 수 있는 질병

여행 중에 일어나는 건강 문제는 더욱 주의해서 살펴야 한다. 집에서는 대수롭지 않았던 것이 여행 중에는 심각한 문제로 발전할 수 있기 때문이다. 예를 들어 피부가 조금 긁히기만 해도 열대기후에 감염되거나 강렬한 햇볕에 노출되어 골치 아픈 화상으로 발전할 수 있다. 아메바성 이질이나 황열병 등 여행 계획 전에는 들어본 적도 없는 외래 질병이 여행 대상지에 따라 아주 흔하게 발생하기도 한다.

솔로여행자는 건강상의 문제가 일어나지 않도록 특별히 주의해야 한다. 스스로 자신을 돌보고 건강을 챙기는 것 외에 의지할 다른 방법이 없으니까.

집을 떠나기 전에 여행지에서 요구하는 예방접종에 대해 정통한 의사와 상담할 것을 권한다.

— **일광 화상** 남극대륙 성층권에는 실제로 커다란 구멍이 뚫려 있을 정도로 오존층이 파괴되고 있다. 이같은 오존층의 감소로 일어나는 일광 화상은 자외선차단 크림을 바르거나 모자나 긴소매 옷 같이 태양으로부터 보호하는 의복을 입고 해를 피하면 막을 수 있다. 열대 지방에서는 흐린 날에 잠깐 밖에 나가는 것만으로도 햇볕에 탈 수 있으니 주의하자.

— **설사** 미국의 질병통제센터에 따르면 여행자가 제일 많이 걸리는 질병이 설사라고 한다. 여행지역에 따라 인도에서는 '델리 설

사', 멕시코에서는 '몬테수마의 앙화'라고 불리는 여행자 설사는 비위생적인 음식과 물에 있는 박테리아가 원인이다. 거의 물 같은 설사 외에 메스꺼움, 구토, 위경련, 발열 증상이 나타날 수 있다.

— **아메바성 이질** 아메바와 관련하여 아주 반가운 정보가 있다. 오염된 음식이나 물을 먹어도 아메바는 대개 위장에서 죽기 때문에 위경련이나 설사 등 부작용이 거의 일어나지 않는다. 그렇지만 이 작은 원생동물이 자기 주위에 벽을 세우고 포낭으로 변해 대변이나 불결한 손 같이 비위생적인 조건을 통해 사람 몸 속에 들어가면 아주 위험할 수 있다. 아메바성 이질은 다행히 여행자들 사이에 흔하게 나타나지 않는다. 이 병의 주요 증상은 피가 섞인 실사이며 치료하지 않으면 간 힙병증으로 빌진힐 수 있다. 오염된 물과 음식을 피하는 것이 상책이다. 껍질을 벗기고 끓이고 조리하지 않은 것은 아예 먹지 말라는 옛 속담을 따르자. 또한 불결한 환경에 살고 있는 사람들과 직접 접촉하는 일을 삼가야 한다.

— **벌레 물림·생채기·피부 발진** 벌레 물림 같이 아주 사소한 상처도 제대로 관리하지 않으면 특히 열대 지역에서는 엄청난 골칫거리가 될 수 있다. 피부에 상처가 나면 청결을 유지하고 더러운 바닷물을 포함하여 의심스런 물을 멀리 해야 한다. 감염을 예방하기 위해 국부 항생제 크림을 즉시 바르고 가려움을 가라앉히는 연고를 바른다.

— **편모충증** 편모충증은 위장 안의 기생충에 의해 발생한다. 내가 경험한 편모충증의 증상은 몹시 역겨웠다. 복부 팽창에 가스가 심하게 차고 설사까지 나타났다. 불결한 음식과 물을 피해야 한다. 설사가 심한 경우에는 플라길, 프록손, 티니다졸 또는 튀마크린 등을 복용한다. 여행지의 약국에서 처방전 없이 구할 수 있는 이 약들은 효과가 뛰어난 반면 메스꺼움과 입 안에 금속성의 맛이 감도는 등 부작용이 있다. 하지만 편모충증을 완전히 치료하려면 이 약을 복용하는 수밖에 없다.

— **말라리아** 모기에 의해 감염되는 말라리아는 제때 치료하지 않으면 생명을 앗아갈 수도 있다. 여행을 떠나기에 앞서 병원이나 의원, 여행 목적지의 건강 문제와 관련하여 조언을 줄 수 있는 전문가와 상담하는 것이 바람직하다. 몇 가지 예방약이 있지만 심각한 부작용 때문에 논쟁이 되고 있다. 우선 벌레 퇴치제를 사용하여 모기에 물리는 것을 막고 긴팔 상의와 긴바지를 입자. 벌레 퇴치제가 섞인 섬유로 만든 의류도 나와 있다. 모기장을 사용하고 모기향을 피우자.

— **간염** 간염 바이러스에는 여러 종류가 있다. 오염된 음식과 물로 감염되는 A형 간염과 성적 접촉으로 감염되는 B형 간염은 예방약이 있다. 수혈과 같이 혈액으로 감염되는 C형 간염과 오염된 음식과 물로 감염되는 E형 간염에는 예방약이 없다. A형과 B형 간염 예방주사를 맞고 C형 간염은 차단 방법이 없으므로

수혈을 피하고 안전한 음식인지 반드시 확인하자.

— **파상풍과 디프테리아** 최초 예방주사를 접종한 후 매 10년마다 2차 주사를 맞아야 한다. 그렇게 하면 외상으로 인한 파상풍과 박테리아로 인해 인두 호흡기에 감염되는 디프테리아를 막을 수 있다.

— **뎅기열** 말라리아와 함께 모기에 의해 감염되는 질병인 뎅기열은 열대지역에 만연하고 있다. 말라리아보다 증상이 심하게 나타나는데 고열과 두통, 전신통증, 발진과 설사가 나타난다. 치료법이나 예방법이 없다.

— **일본 뇌염** 모기에 의해 감염되는 바이러스성 질병으로 동남아시아에서 주로 발생한다. 두통과 고열이 나타나며 진전되면 경련이 일어나고 혼수상태가 될 수도 있다. 여행자가 감염되는 경우는 드물지만 시골 지역에서 한 달 이상 머물 때는 예방주사를 맞는 것이 안전하다. 감염자의 3분의 1이 사망한다.

— **황열병** 황열병은 모기에 의해 전염되는데 고열과 황달을 동반한다. 대부분 아프리카와 남아메리카 지역에서 발생한다. 입국할 때 예방접종을 반드시 요구하는 국가들이 있는 반면 어떤 지역에서는 권장사항으로 요구된다.

— HIV(인체면역결핍 바이러스) 에이즈 원인 바이러스는 오염된 성적 접촉과 혈액에 의해 전염된다. 성관계를 할 때는 반드시 보호조처를 취해야 한다. 문신을 포함하여 주사 바늘을 쓸 때는 소독된 바늘을 써야 한다. 아프리카와 아시아, 인도에서 HIV 감염이 급속도로 증가하고 있다.

● 화장실
땅에 구멍을 파고 양쪽에 돌을 하나씩 발판으로 놓은 화장실이 이 세상에 수두룩하다면 당신은 어떤 표정을 지을까? 오지에서는 그나마도 대단한 사치품이다. 화장실, 특히 여행 중의 그것에 대한 일화는 책 한 권이 모자랄 정도이다.

| 여행 중에는 화장실과 관련하여 어떤 황당한 일이 일어나더라도 당황하지 않도록 마음의 준비를 하되 화장지만큼은 꼭 지참하자. 화장지를 거의 사용하지 않는 지역에서도 큰 도시에서는 화장지를 살 수 있다. 예를 들면 인도 같이 화장지 대신 왼손으로 간편하게 해결하는 나라에서는 화장지가 거의 사용되지 않는다.

| 북미를 포함하여 수세식 화장실을 사용하는 지역에서 화장지를 하수도 시스템으로 처리하는 것이 쉽지 않다. 변기 옆에 작은 휴지통이 있을 경우에는 쓰고 난 휴지를 그곳에 버리면 된다.

오지에서 장시간 버스로 이동할 때는 먹고 마시는 것을 줄이는 것도 좋은 방법이다. 형태가 어떻든 무슨 이름으로 불리든 야외에서 볼일을 보기가 아무래도 꺼려질 것이다. 어떤 경우에든 약

은 조심해서 사용해야 하지만 이런 상황에서는 지사제를 쓰면 간편하다.

이런 상황을 대비하여 언제나 손을 씻을 수 있도록 항균 세정제를 지참하자.

10
현명한 짐 꾸리기

여행 가방을 꾸릴 때면 옷을 충분히 가져가고 싶은 마음과 짐은 가볍게 꾸려야 한다는 원칙 사이에서 갈등하는 여성들이 많을 것이다. 여행지에서의 활동이 다양할수록 짐을 줄이기 어려워진다. 드물게 예외가 있기는 하지만, 나는 기내에서 휴대할 수 있는 정도의 짐만 꾸린다. 다양한 코디가 가능하게 기본적인 색상의 상의와 바지를 가져가고 액세서리로 변화를 주면 된다.

- 포장 목록

  여행에 필요한 물품들을 목록으로 만들어놓으면 중요한 것을 빠뜨리지 않고 준비하는데 도움이 된다. 컴퓨터에 표준 목록을 저장하여 여행할 때마다 인쇄하면 매번 처음부터 시작하느라 고심하지 않아도 된다.

  | 우선 목적지의 날씨를 알아보자. 날씨 채널 www.weather.com 이 참고가 될 것이다. 눈이 펑펑 내리는 곳에서 살고 있다면 섭씨 30도가 대체 얼마나 더울지 상상하기 어렵겠지만, 어쨌든 앞으로 부닥치게 될 기온에 맞는 물건들을 챙겨야 한다.

  | 드물기는 하지만 여벌로 가져간 옷가지를 한 번도 입지 않은 채 그대로 가져오는 수도 있고, 반대로 꼭 필요한 것을 빠뜨릴 때도 생긴다. 한 번은 코스타리카로 떠나면서 탱크톱을 빠뜨린 적도 있었다. 여권과 돈만 잊지 않고 챙기면 현지에서 모든 것을 조달할 수 있다.

  | 베티 안은 옷 한 두 벌 정도는 여행지에서 살 것을 권한다. "팀북투에서 사막에 가게 되었는데 내가 가진 옷은 반 바지와 탱크톱밖에 없었습니다. 사막에는 정말 맞지 않는 옷이었지요. 도착하자마자 머리에서 발끝까지 내려오는 말리 전통복을 한 벌 사서 그 자리에서 입었습니다. 일행은 물론 현지 사람들에게도 인기 만점이었답니다."

★ **생생 팁!** 일교차가 큰 지역을 여행하거나 낮은 더운데 저녁에는 긴바지가 필요하다면 긴바지와 반바지 겸용의 컨버터블 바지를 준비하자. 긴바지의 상하단이 지퍼로 연결되

어 있어 지퍼를 열어 하단을 떼어내면 반바지가 된다.

- 의류

    짐은 출발하기 최소한 1주일 전부터 싸는 것이 좋다. 마지막 순간에 짐을 꾸리면 그 동안의 다이어트로 헐렁헐렁해진 바지를 챙겨가야 하는 수가 있다. 여행지 지도를 들여다보다가 제일 좋아하는 셔츠에 와인을 엎지른다면 그런 낭패가 없을 것이다.

    타는 듯이 뜨거운 지역으로 떠나는 것이 아니라면, 우선 짙은 색깔의 기본 의상을 몇 벌 챙기자. 같은 옷을 여러 번 입을 각오를 해야 한다. 그렇다고 해서 누구도 당신을 주목하거나 상관하지 않을 테니 남을 의식할 필요가 전혀 없다. 오히려 짐이 가뿐해져 배낭 멘 등이 편안할 것이다. 짐이 적어지면 행동도 민첩해신다. 여행을 사랑하는 하이네크 프로섹트 매니저인 알란드라는 충고했다. "자신에게 꼭 필요한 것만 가져가면 됩니다. 너무 많은 짐은 챙기고 지키는 것만 해도 짐이 되니까요."

    잘 구겨지지 않고 빨리 마르는 기능성 의류 위주로 준비하면 편리할 것이다. 자외선을 방지하는 의류도 나와 있다.

    트레블스미스 www.travelsmith.com는 구김이 안 가는 옷을 비롯하여 여행의류를 전문으로 한다. 엑스오피시오 www.exofficio.com의 기능성 의류 또한 구김 방지에 세탁이 쉽고 빨리 마른다. REI www.rei.com는 쾌적한 여행과 운동을 위한 의류 일체를 구비하고 있다. 자외선방지 의류는 엑스오피시오 또는 쿨리바 www.coolibar.com에서 구할 수 있다.

| 간혹 모임에 참가할 계획이 있다면 정장 한 벌, 또는 스커트와 블라우스 한 세트를 가져가자. 샌들 같이 정장에도 어울리고 걸을 때도 편해서 다양하게 신을 수 있는 구두를 가져가면 편리하다.

★ **생생 팁!** 짙은 색 속옷을 준비하면 누래지는 것을 염려하지 않아도 된다. 또는 1회용 속옷 www.onederwear.com도 좋다. 1회용이긴 하지만 서너 차례 세탁하여 재사용할 수 있다.

| 옷을 꾸릴 때 중요한 것은 여행지의 문화를 배려하는 것이다. 사회적으로 보수적인 나라에서는 팔꿈치나 무릎같이 드러내지 않아야 할 부분은 꼭 가려야 한다. 관광객이나 외국인임을 한눈에 알아볼 수 있는 옷이나 너무 튀는 옷은 빼놓는 것이 좋다. 거슬리는 문구가 새겨진 티셔츠도 피하자. 바닷가가 아니라면 탱크톱도 넣지 말자.

| 6개월 동안 계속된 아시아 배낭여행에서 나는 배낭족답게 옷을 입었다. 나도 편안했고 사람들도 나를 배낭여행자로 대해주었다. 공항의 보안 검색원은 대수롭지 않게 내 배낭을 검사했고 현지인들도 내게 별로 주목하지 않았다. 대조적으로 나보다 가난한 현지인들은 자신들의 옷차림에 무척 신경을 쓰는 것 같았다. 재킷 같이 공간을 많이 차지하고 부피가 큰 옷은 짐 속에 넣지 말고 비행기 안에서 입자. 비행기 안은 따뜻하다가도 한순간에 싸늘해지므로 옷을 여러 겹 입는 것이 편리하다. 귀국할 때 기

넘품을 넣을 공간도 확보할 수 있다. 옷과 신발은 몸과 발에 잘 맞고 자주 입고 신어 길이 든 것을 가져가야 여행이 편안함을 명심하자.

트레블팩을 이용하면 의류와 액세서리를 깔끔하게 정리할 수 있다. 양면 또는 한 면이 그물망으로 되어있어 내용물을 쉽게 확인할 수 있고 모서리는 푹신한 쿠션 처리로 카메라나 액세서리를 안전하게 보관할 수 있다. 크기가 다양하여 속옷은 물론 겉옷도 넣을 수 있다. 가방이나 배낭 안에 들어있는 것들을 다 꺼내지 않고도 원하는 물건을 쉽고 편하게 찾을 수 있다. 팩 사이에 깨지기 쉬운 물건들을 끼워 넣으면 안전하다.

압축팩도 유용하다. 견고한 비닐팩에 의류를 넣고 슬라이드 지퍼로 잠근 다음 공기를 빼면 부피가 줄어 납작하게 되어 공간을 최대한으로 활용할 수 있나. 야외용품점과 인터넷에서 살 수 있다. 이글크릭www.eaglecreek.com 제품이 믿을 만하다. 옷 몇 벌은 따로 빼서 카메라 같이 섬세한 물건을 싸는 데 이용하자.

일주일 이상의 장기 여행에서는 세탁을 생각해야 한다. 호텔 방 화장실에서 가벼운 면 의류를 빨아 방안이나 발코니에 널어 말리면 된다. 호텔의 세탁 서비스를 이용할 수도 있다. 가까운 빨래방을 이용하면 현지인도 만날 수 있을 것이다.

★ 생생 팁! 호텔 방에 들어가면 다리미와 다리미판을 살펴보는 것을 잊지 말자. 다리미에 눌어붙은 것이 있는지 꼭 확인하라. 잘못하면 옷에 붙어 지저분해진다.

- 화장품

여행할 때면 나는 평소 좋아하는 샴푸와 린스, 물비누와 로숀을 작은 여행용 용기에 옮겨 담는다. 그런 다음 새지 않도록 운송용 테이프로 봉한다. 이 테이프는 강해서 샤워 정도는 괜찮지만 완전히 젖으면 접착력이 떨어지니 조심하는 것이 좋다. 새는 것을 방지하는 다른 방법은 용기 주둥이에 랩을 씌운 다음 마개를 닫는 것이다. 향수를 좋아한다면 작은 샘플을 가져간다. 해당 공항 검색에서 문제가 되지 않는다면 의약품과 기초화장품 세트는 짐이 분실된 경우를 대비하여 기내 휴대 가방에 넣을 것을 권한다.

중급 이상의 호텔에서는 대개 샴푸, 린스, 헤어 드라이어 같은 편의용품을 제공한다. 호텔에서 이같은 용품을 제공하는지 사전에 확인하자. 가능하다면 짐을 조금이라도 줄이는 것이 현명하다.

★ 생생 팁! 키스오프 www.kissoff.com는 효과가 뛰어난 얼룩 제거제로서 크기가 립밤 정도로 작아 간편하게 소지할 수 있다. 독성이 없어 안전하며 립스틱, 피, 와인, 커피 등의 얼룩을 쉽게 제거할 수 있다.

- 액세서리

액세서리는 단순한 장신구 몇 점과 스카프 두어 장이면 충분하다. 액세서리를 바꿀 때마다 마치 다른 옷을 입은 것처럼 기분이 달라질 것이다.

번쩍거리는 보석은 집에 모셔두는 것이 안전하다. 여행지에서 값비싼 보석을 주렁주렁 다는 것보다 남의 시선을 쉽게 끄는 것은 없다. 진짜처럼 보이는 가짜 보석에 혹해 당신의 지갑이나 배낭을 노리거나 당신 목에서 목걸이를 채가려는 사람들도 적지 않다.

- 기호품

특정한 음식 또는 차나 커피같이 하루도 없으면 못 사는 것이 누구에게나 하나는 있을 것이다. 짐 꾸릴 때 그런 것을 꼭 챙겨 넣자. 평소 좋아하는 옷 하나만으로도 낯선 여행지에서 집에 있는 것 같은 느낌이 들 것이다.

처음으로 혼자 떠났던 네팔 트레킹에서 나는 이스라엘에서 온 젊은이들을 만났다. 히말라야 고산에서 이들은 집에서부터 가져온, 자신들이 좋아하는 커피를 끓이고 있었다. 배낭 안의 그 귀중한 공간을 내게는 사치품으로 여겨지는 커피 따위로 낭비하는 것을 보고 나는 깜짝 놀랐다. 그랬던 내가 지금은 여행을 떠날 때마다 좋아하는 차를 꼭 챙겨 넣으면서 자신들의 기호품을 들고 왔던 이스라엘 젊은이들의 선견지명을 즐겁게 추억한다.

샌프란시스코에서 여행용품 전문점을 운영하는 여행 마니아 랜디 맥켄지 또한 이같은 생각에 전폭적으로 찬성한다. "여행용 오리털 베개나 담요 아니면 작은 양초나 수면 안대라도 자기가 좋아하는 작은 사치품을 꼭 챙겨 가세요." 이런 종류의 물품은 여행용품 전문점이나 온라인에서 구입할 수 있다.
| 평소 읽는 신간 잡지도 가져가고 마음에 드는 펜이나 연필로 여행 일기를 쓰는 것도 작은 위로가 될 것이다.

● 카메라
사진 전문가라면 많은 장비를 가져가야 되겠지만, 일반 여행자는 자신이 찍고자 하는 영상에 알맞은 것으로 가능한 한 작은 카메라를 가져가는 것이 좋다. 소형 카메라는 작은 공간을 차지하니 짐 꾸리기에 용이하고 사용도 편리하다. 굉음을 내면서 불타는 화산을 지나치게 될 때 도망가기 전에 손 안에 들어오는 디지털 카메라를 재빨리 꺼내 몇 커트를 번개처럼 찍어 보자.
| 배터리가 내장된 카메라는 충전기와 전기코드를 빠뜨리지 않도록 주의하자. 여행 중에 맞는 기기를 발견하기란 하늘에서 별 따기처럼 어렵다.

● MP3
멕시코시티에서 과테말라로 가는 버스 안이었다. 발 디딜 틈 없이 사람들이 붐볐건만 나는 마치 다른 세상에 있는 느낌이었다. MP3 덕분이었다. 내가 좋아하는 음악에 빠져 있으니 장거리 여행의 더딘 시간이 빠르게 흘러갔을 뿐만 아니라 주위에서 떠들어대는 아이들과 차멀미로 작은 봉지에 조심스레 토악질하는 아낙네들도 별 문제가 되지 않았다.
| 나는 MP3를 자주 사용하지는 않지만 휴식을 취할 때나 조용한

시간이 필요할 때 음악을 들으면 마치 집에 있는 것 같이 느껴진다. 반대로 여행을 떠나기 전에 목적지에 어울리는 음악들을 선곡하면 이국적인 분위기에 쉽게 빠져들 수 있다. MP3는 북아메리카 지역에서는 어디서든 사용해도 괜찮지만 음악에 몰두하면 주위와 완전히 단절되므로 현지 문화와 정서에 따라 건방지게 여겨질 수도 있다.

> ★ 생생 팁! 종이 책을 가져가느니 목적지에 적합한 오디오북을 한두 권 가져가자. 오더블 www.audible.com과 아이튠 www.apple.com/itunes에서 수많은 책을 다운로드할 수 있다. 한국에서는 인터넷서점과 오디오북 전문점에서 구할 수 있다.

| MP3 플레이어 중에는 오디오 녹음이나 비디오 녹화가 가능하거나 어댑티가 딸려있는 깃이 있다. MP3 플레이어로 카니빌에서 마림바 밴드를 캡쳐할 수도 있고, 암스테르담 펑크 밴드의 광란하는 듯한 음악을 녹음하여 귀국 후에 친구들과 함께 들을 수도 있다.
| MP3 플레이어 중에는 사진을 저장할 수 있는 것이 많이 있다. 떠나기 전에 아이팟에 사진을 올리면 여행 중에 만나는 사람들과 공유할 수 있다.

● 전기

외국의 콘센트는 집에서 쓰던 플러그와 맞지 않는 경우가 대부분이다. 어디에서나 사용할 수 있는 범용 컨버터를 여행용품점이나 마젤란 www.magellans.com에서 온라인으로 구입할 수 있다. 국가마다 요건이 다를 수 있으니 목적지에 맞는지 꼼꼼히 확인하자.

★ 생생 팁! 카메라나 MP3 등 전자제품을 꾸릴 때는 스위치를 '잠금'으로 해놓으면 배터리가 닳지 않는다. 잠금 장치 없이 표준 배터리를 사용하는 기기라면 배터리를 살짝 빼놓으면 된다.

| 배터리가 내장되지 않은 전자제품을 가져갈 때는 여유분의 배터리를 챙기는 것을 잊지 말자.

● 소음 차단 헤드폰
소음 차단 헤드폰은 비싸기는 하지만 때로 값을 매길 수 없이 소중하게 쓰인다. 배터리로 작동되는 소음 차단 헤드폰은 기차, 비행기, 버스에서 나는 배경 소음을 효과적으로 차단한다. 청취 기기에 연결하지 않고 단독으로도 사용할 수 있고 다른 헤드폰과 마찬가지로 MP3 플레이어, DVD 플레이어 또는 비행기의 헤드폰 잭에 연결할 수 있다. 처음으로 이 헤드폰을 사용했던 날, 나는 전에는 알아채지 못했던 비행기의 배경 소음이 얼마나 많은지 깜짝 놀랐다.

| 보스 www.bose.com 제품이 우수하다. QuietComfort 3 소매 가격이 대략 350달러인데 온라인이나 북아메리카 주요 공항의 매점에서 살 수 있다.

앨리슨의 이야기

| 야영지로 가려면 비행기로 이동해야 했습니다. 나는 배낭에 텐트, 압축팩에 포장한 슬리핑 백, 버너, 조리기구, 헤드랜턴과 여분의 배터리, 지도, GPS, 오트밀 바, 등산화 그리고 옷가지를 꾸렸습니다.

| 연료는 비행기에 실을 수 없었기에, 연료와 여행 중에 필요한 식량은 첫번째 목적지에서 사기로 했습니다. 아니면, 적어도 다음 번 식량을 살 수 있는 곳에 도착할 때까지 충분한 식량을 살 생각이었지요. 건조 스프, 견과류, 시리얼, 그리고 스트링 치즈 등 쉽게 상하지 않는 보존식품을 사는 것이 좋겠지요. 출발 전에 인터넷으로 운동용품과 캠핑용품 전문점을 검색하여 그곳에서 파는 연료가 내 버너에 맞는지 확인해놓았습니다.

| 아이스 피켈이나 등반용 장비를 꾸릴 때면 날에 커버를 씌우고 잘 싸서 배낭 안에 넣어 다른 물건이 손상되지 않게 해야 합니다. 대부분의 항공사에서는 배낭을 싸서 넣을 수 있는 튼튼한 비닐 백을 줍니다. 여기에 넣으면 배낭 끈도 보호할 수 있고 수화물 취급자도 편하게 다룰

수 있어 편리합니다. 이 백은 버스나 기차 같은 곳에 배낭이나 짐을 놓을 때도 유용하더군요.
나는 옷을 최소한으로 꾸리고 여행 중에 빨래방을 이용하거나 숙소에서 물빨래를 합니다. 경량의 구김방지 의류는 밤새 잘 마르거든요. 이런 옷은 간편하기도 하지만 산에서는 목숨이 걸린 것이기도 합니다. 산에서 젖은 옷을 입으면 위험하니까요. 10일 여행일 경우 배낭 무게가 대략 25킬로그램 나갑니다. 여기에는 식량 5킬로그램과 그 정도 무게의 등반장비가 포함됩니다 등반이 아닌 단순 도보여행의 경우에는 식량을 포함해서 15킬로그램 정도입니다.

- 선물

크기가 작고 비싸지 않은 선물을 준비하여 고마운 현지인과 여행 중에 만난 사람들에게 건네면 서로에게 작은 기쁨이 된다. 개발도상국으로 여행갈 때면 나는 1달러 점포에 들러 선물을 한 보따리 산다. 시애틀의 스페이스 니들이나 마운틴 레이니어 같이 미국의 경치가 담긴 열쇠고리, 캔디, 태엽 감는 장난감, 구슬 팔찌, 아이들에게 줄 연필 등을 주로 준비한다.
여행지가 선진국이면 조금 더 괜찮은 아이템, 예를 들면 북서태평양 지역에서 나온 초콜릿이나 커피 같은 것을 준비한다.
택시를 타건 아이스크림을 사건 자국의 풍경이 담긴 그림엽서를 현지인들에게 보여주면 자연스럽게 대화의 물꼬를 틀 수 있다.

| 귀국 선물을 위해 가볍고 작은 가방을 여분으로 가져가거나 현지에서 구입하자. 프랑스 여행 마지막 날에 구입한 '파리'라고 쓰여진 더플백을 나는 지금도 즐겨 사용한다. 여행 중에 산 자잘한 선물들을 담기 위해 구입한 거였다. 여행 마지막 날이나 하루 전에 이같은 쇼핑을 하면 재미도 있고 유용하기도 하다.

● 야영 장비

여성 솔로여행자로서 야영 장비를 꾸릴 때는 특별한 주의가 필요하다. 짐이 무거워지지 않도록 배낭, 텐트, 침낭을 비롯하여 필요한 모든 물품을 가볍고 작은 것으로 장만하자. 호텔 숙박 대신 절약되는 돈으로 휴대하기 쉬운 고품질 여행용품을 마련하자. 그렇지 않으면 감당하기 어려운 짐을 메고 다니느라 쉽게 지치게 된다.

| 꼭 필요한 것만 꾸리도록 하자. 베개나 여분의 조리도구, 대형 에어매트리스 등을 빼놓으면 배낭이 한결 작고 가벼워질 것이다. 또한 난처한 상황에 빠졌을 경우, 짐이 많지 않아야 재빨리 빠져나올 수 있다.

● 특별 취미 장비

자신이 좋아하는 취미를 즐기기 위해 떠나는 여행에서 제일 어려운 것이 장비 운반이다. 스쿠버 다이빙, 골프, 서핑, 스키, 악기 연주, 스노보드 등에 쓰이는 장비를 한곳에서 다른 곳으로 운반하는 것이 만만치 않기 때문이다. 가능하다면 목적지에서 장비를 빌리는 쪽을 고려하자.

| 자신의 장비를 가져가기로 마음을 먹었다면 스노클 장비 같이 작은 것은 기내에 반입하고 부피가 큰 물품은 장비용으로 특별히 제작된 더플백이나 상자에 포장해야 한다. 기내 반입 가능 물품은 항공사의 규정에 따라 다르지만, 기타 같이 예민하고 섬세한 물품은 휴대할 수 있다. 항공사 대표에게서 들은 바로는 대형 물품의 기내 반입은 비행기 승무원이나 직원의 재량에 달려있다고 한다.

| 항공사에서 규정한 숫자나 무게를 초과한 수하물에 대해서는 추가 요금을 물어야 한다.

| 짐을 탁송할 때는 커브사이드 체크인을 추천한다. 공항 차도에 있는 항공사 화물탁송 데스크에서 짐을 부치면 공항 안의 티켓 카운터에서 오래 기다리지 않아도 좌석권을 받을 수 있다. 포터에게 약간의 팁을 주고 짐을 맡기자. 무거운 짐을 들고 다니느라 초반부터 힘을 빼지 않아도 된다.

- 여행가방

어떤 타입의 여행을 계획하고 있는가에 따라 가방의 종류가 결정된다. 사업상의 출장, 일상적인 여행, 모험여행 등 여행에 따라 필요한 가방이 각각 다르다. 여행가방 제조업체 대표인 데브라는 이 부문의 전문가이다. "출장이나 모험여행을 자주 다닌다면 오래 쓸 수 있는 가방이 필요합니다. 그렇지만 일년에 한 번 할머니 댁에 가는 정도라면 비싼 것은 필요 없겠지요."

지난 몇 년 사이에 아주 많은 변화가 있었다고 데브라는 말한다. "9·11사태 이후 항공사는 수익을 늘리기 위해 수화물 무게 제한을 강화하고 있습니다. 미국 국내선에서는 22킬로그램을 넘으면 추가 비용을 내야 합니다. 그에 따라 가방업계에서는 좀 더 가벼운 가방을 출시하게 되었습니다. 동시에 여성들이 좋아하는 색깔과 디자인의 가방을 만들기 시작했습니다. 직물을 이용한 독특하고 재미있는 가방도 나왔습니다."

★ **생생 팁!** 가방에 리본이나 밝은 색깔의 꼬리표를 부착하면 쉽게 눈에 띄어 편리하다. 배낭과 장비와 각종 짐들로 가득한 수하물 컨베이어나 버스에서 자신의 가방을 금방 찾을 수 있어 편리하다.

— **출장여행** 정장과 이브닝 드레스를 넣기에 제일 좋은 것은 역시 의류용 접이식 가방이다. 두 번 또는 세 번 접는 가방이 있는데 어떤 것은 아주 작게 접혀 비행기 좌석 밑에 밀어 넣을 수 있다. 크기가 다른 가방을 여러 개 구입할 마음이 없다면 평균 여행기간에 필요한 크기를 기준으로 가방을 정하면 된다. 이때도 가능한 한 적게 꾸리는 것을 원칙으로 한다.

가방 안쪽과 바깥에 주머니가 다양하게 있는 가방을 선택하는 것이 좋다. 속옷이나 작은 물품을 넣으면 아주 편리하다. 신발은 제일 무거운 것으로 신고 다른 신발은 가방에 넣자. 출장여행에는 대부분 비싼 옷을 가져가므로 쉽게 찢어지거나 망가지지 않는 최고급 품질의 가방을 구입한다.

| 가방을 접는 경우 구김이나 주름을 완전히 방지하기는 어렵지만 옷 사이에 드라이클리닝 비닐 백을 넣으면 구김 방지에 도움이 된다.

— **일반여행** 가벼운 여행이나 주말여행에는 천으로 된 소프트 가방이나 더플백 또는 소프트 가방에 프레임 처리를 한 세미소프트 가방이 적당하다. 소프트 가방은 가볍고 간편해서 좌석 위 선반에 넣을 수 있고 자동차 트렁크에도 쉽게 실을 수 있다. 세미소프트 가방은 구김이나 눌림이 덜하고 구두, 서류, 기타 물품을 넣는 주머니가 있는 것이 대부분이다.

— **모험여행** 모험여행에 흔히 사용되는 배낭은 두 가지로 나눌 수 있다.

— **카트형 배낭** 카트형 배낭은 대개 한 가지 크기로 나오는데 엉덩이와 어깨 끈을 이용하여 조정한다. 슈트케이스처럼 열 수 있어 짐 꾸리기에 편리하다. 바퀴가 달린 것도 있고 지퍼로 탈부착되는 소형 배낭이 함께 딸린 것도 있다. REI의 배낭 전문가 로렌에 따르면 여성 전용 카트형 배낭이 늘어나고 있다. 남성보다 어깨가 좁고 허리가 가늘고 몸통이 작은 여성들의 체형에 맞추어 제작된 것이라 한다.

| 로렌은 특히 바퀴가 달린 배낭을 추천했다. "계단을 오를 때

는 배낭처럼 등에 메고, 자갈이 깔린 유럽의 거리는 캐리어처럼 끌고 다닐 수 있어 배낭을 주저하는 여성들에게 적합합니다."

— **배낭** 장기 모험여행용으로는 주로 프레임이 내장된 배낭이 사용된다. 견고하고 착용감이 좋아서 대량의 장비를 메고 운행하기에 카트형 배낭보다 훨씬 편안하다. 수직으로 짐을 넣어야 하기 때문에 짐을 꾸리고 푸는 것이 조금 불편하지만 등에 졌을 때 균형을 유지하여 안정감이 있다.

가방을 선택할 때 가장 중요한 것은 가방을 사용하는 당사자에게 잘 맞아야 한다는 것이다. 다른 사람에게 맞는 것이 내게는 선혀 맞지 않는 경우도 있다. 배낭에 짐을 실세로 담은 채 여러 종류를 직접 메어 보고 가장 편안한 것으로 선택하자. REI 웹사이트 www.rei.com에서 여행 타입과 체형에 따라 가장 알맞은 배낭을 선택하는 요령을 참고하자.

인도에서 6개월을 지낸 에이미는 배낭 여행자를 대하는 현지인들의 태도와 관련하여 흥미 있는 이야기를 전했다. "저는 택시를 타고 호텔에 도착하면 배낭은 택시 안에 두고 내립니다. 기사에게는 쇼핑 때문에 곧 돌아올 테니 가지 말고 기다려 달라고 하지요. 호텔로 들어가 여러 가지를 확인한 다음에 택시로 가서 배낭을 들고 나옵니다. 아니면 실제로 쇼핑에 나서기도 하지요. 배낭을 메고 가면 호텔 직원들의 태도가 아무래도 소홀한 것 같습니다."

| 유럽에서도 비슷한 일이 일어나고 있다. 메리는 일등석 기차로 여행하는 중에 이상한 일을 겪었다. "말끔한 옷차림의 사업가처럼 보이는 사람들이 제 배낭을 보자 불쾌한 표정을 짓더니 자리를 비켜 달라고 하더군요. 나는 이미 예약이 끝난 내 자리니까 절대 떠나지 않겠다고 버텼습니다."

★ **생생 팁! 수하물을 탁송할 때 꼬리표에 목적지가 올바로 적혔는지 반드시 확인하자.** 나는 수하물 담당자가 내 가방의 꼬리표에 주소를 틀리게 적는 것을 수없이 보았다. 가방의 행방이 묘연해지기 전에 꼼꼼하게 확인하자.

● 기내 휴대 수하물
기내에 반입할 수 있는 수하물에 어떤 제한이 있는지 항공사에 확인하자. 가능한 한 하루 일정에 필요한 모든 것을 넣을 수 있는 소형 배낭을 가져가는 것이 좋다. 《여행자를 위한 현명한 짐 꾸리기》의 저자인 스잔 포스터는 이렇게 충고한다. "여벌 셔츠를 한 벌 가져가는 것이 좋습니다. 그래야 탁송한 수하물이 분실될 경우 한 벌은 입고 한 벌은 세탁할 수 있으니까요."

— **소형 배낭** 알맞은 크기의 배낭이 꼭 필요하다. 비행기 좌석 밑에 들어갈 수 있게 작고 하루 여행에 필요한 것을 모두 넣을 수 있을 만큼 큰 것이 적당하다. 숄더백이나 매신저백 같이 어깨에 엑스자로 둘러멜 수 있는 가방이 지갑이나 작은 배낭보다 이상적

이다. 도둑이 쉽게 접근할 수 없는 데다 등에 멘 배낭보다 물건을 쉽게 꺼낼 수 있기 때문이다. 여행가방 전문가인 랜디가 추천하는 가방은 "무엇보다 튼튼하고 안이 칸칸이 나뉘어져 있고 극세사로 만들어져 아주 부드럽고 몸에 꼭 밀착되는" 것이다.

| 배낭을 꺼리는 마리크리스는 유럽에서 주말여행을 즐기는 동안 숄더백을 이용했다. "여행안내서와 지도, 작은 지갑, 여권, 휴대폰, 그리고 물병을 넣을 수 있는 큰 가방이 필요했습니다. 내가 제일 중요하게 생각한 것은 바깥 주머니였어요. 늘 지도를 보면서 다니니까 지도를 쉽게 넣고 꺼낼 수 있어야 했거든요."

● 수하물의 안전

미국 교통안전국 www.tsa.gov에서는 기내 휴대품이든 탁송한 수하물이든 반입이 금지된 품목을 게시하고 있다.

| 교통안전국이 인증한 자물쇠를 사용하면 가방이 파손될 염려가 없다. 공항에서 수하물 검색을 위해 가방을 열어야 할 때 교통안전국 인증 자물쇠는 마스터 키로 안전하게 열 수 있는 반면 일반 자물쇠는 파손될 위험이 높다.

| 트레블 센트리 www.travelsentry.org는 여행용품 제작업체들과 교통안전국을 이어주는 간사 역할을 하고 있다. 빨간 다이아몬드 마크가 새겨진 이곳의 자물쇠는 가격이 10달러에서 20달러 사이로 북미에서는 온라인과 여행용품점, 약국 또는 백화점에서 살 수 있다. 한국에도 수입되어 용품점이나 온라인에서 구입할 수 있다.

| 지퍼를 채우고 이들 자물쇠로 가방을 잠그면 내용물이 쏟아지지 않을 뿐만 아니라 도둑이 가방을 열고 내용물을 뒤질 수 없어 안전하다.

★ **생생 팁!** 여분의 꼬리표에 호텔 주소를 적어 가방에 부착하자. 가방이 분실되거나 잘못 가는 경우에 목적지의 호텔로 배달될 수 있을 것이다.

● 포장 목록

다음에 소개하는 목록은 여행시 짐 꾸리기의 기본이 되는 품목들이다. 그러나 여행할 때마다 이것들을 모두 가져가는 것은 물론 아니다. 만약 이것들을 다 꾸린다면 가방이 태산만큼 무거워질 것이다. 목적지의 계절에 따라 의류의 양과 종류를 조절하자. 또한 장거리 비행에는 수면 안대와 베개를 지참하는 등 비행 거리에 따라서도 달라진다. 여행기간과 목적도 물론 짐 꾸리기에 영향을 준다.

— **의류** 진바지, 정장 블라우스, 양말, 바지, 정장 재킷, 수영복, 반바지, 스웨터, 운동복(상의, 반바지, 컨버터블 바지, 가벼운 실외용 재킷 또는 윈드브레이커, 운동화, 양말), 평상복 상의, 속옷, 정장 구두, 탱크톱, 브라, 벨트

— **화장품** 샴푸, 디오도란트(체취방지용), 의약품, 린스, 면봉, 생리용품, 비누, 얼굴 로션, 피임약/콘돔, 살균 젤, 핸드 로션, 색조 화

장품, 살균 티슈, 선블록 크림, 벌레 퇴치약, 칫솔, 립밤, 티슈, 치약, 립스틱, 면도기, 치실, 머리빗, 비타민, 헤어핀 등 액세서리

— **여행용품과 서류/증명서** 여권, 카메라(충전기), 잡지, 간행물과 필기도구, 신용카드, MP3(충전기), 전기 변환기, 귀마개, 운전면허증, 망원경, 침낭, 부풀리는 베개(장기 여행), 스낵, 소형 스프링 노트(경비 기록), 마일리지 카드, 손전등(배터리), 시계, 휴대폰(충전기), 지도, 여행용 알람시계, 명함, 선글라스, 외국인용 기본회화집, 챙 가리개, 책, 마이크로라이트(열쇠고리형 플래쉬), 디지털 북리더, 비디오카메라(충전기)

— **출장용** 서류가방, 랩톱(전기선)

11
첨단 하이테크 기기와 적절한 소품 이용하기

인터넷과 전자산업 등 첨단기술과 제품의 발달로 여행 풍속도 빠르게 변하고 있다. 책이나 잡지 대신 오디오 프로그램으로 여행지를 파악하고 RSS로 전달되는 이메일을 통해 실시간으로 정보를 얻는 여행자들이 늘고 있다. 집에서는 물론 여행지에서도 최신 전자기기를 손에서 놓지 않는 사람들이 많이 있다. 여행 중 하이테크 기기에 너무 많이 빠져들면 현장 체험이 희석되지만 이들 기기의 장점을 제한적으로 활용하면 여행이 쉬워지기도 한다.

● 노트북 컴퓨터

크고 무거운 데다 예민하기까지 한 노트북 컴퓨터를 장기여행이나 배낭여행에 들고 가는 것은 별로 의미가 없다. 전세계 어디서나 인터넷에 접속할 수 있으므로 번거롭게 노트북을 가지고 다니지 않아도 아무리 먼 곳에서도 이메일을 확인할 수 있다.

그렇지만 출장이나 단기여행에 노트북을 가져가면 인터넷과 업무 자료에 보다 쉽게 접속할 수 있어 도움이 된다. 전세계에 걸쳐 와이파이를 무료로 이용할 수 있는 곳이 많아졌다. 여행 중에 저녁이나 낮에 호텔을 빠져나와 와이파이를 한 나절 이용하면 기분전환에 도움이 될 것이다. 와이파이 프리스폿www.wififreespot.com은 와이파이를 무료로 쓸 수 있는 공항, 호텔, 리조트, 식당, 레저용 차량 야영지, 쇼핑센터, 임대별장 등을 장소와 미국의 주 그리고 국가별로 보여준다. 무료 와이파이를 이용하려면 노트북에 와이파이 수신기가 내장되어 있거나 와이파이 랜카드가 있어야 한다. 무료 와이파이 지역에서는 개인용 방화벽을 설치하여 해커와 훔쳐 보려는 이들로부터 노트북을 보호해야 한다.

비행기에서 창가에 앉으면 노트북 스크린을 힐끔힐끔 쳐다보는 사람들의 시선을 차단할 수 있다. 비행기 오른쪽 창가에 앉아 노트북을 약간 오른쪽으로 기울이면 뒤에 앉은 사람이 좌석 등받이 사이로 당신의 비밀을 엿보는 것을 방지할 수 있다.

비행기에서는 대부분의 경우 앞에 앉은 사람이 좌석을 뒤로 젖히면 노트북을 닫는 수밖에 없다. 이코노미석의 경우 칸막이나 비상구 좌석에는 여유 공간이 있어 노트북 사용이 가능하다.

| 노트북 배터리가 얼마나 오래 가는지 확인하자. 집이나 호텔을 나서기 전에 완전히 충전되었는지 확인하는 것을 잊지 말자. 공항에 있는 전기 콘센트는 이용하는 사람들이 많아서 비행 전이나 중간에 충전할 수 없는 경우가 허다하다.

★ 생생 팁! 플러그가 여러 개 있는 멀티 플러그를 지참하면 공항이나 기타 장소에서 다른 여행자들과 함께 쓸 수 있다.

| 보안 검색대를 통과할 때 사람들이 많다고 서두르면 사고의 위험이 있으니 조심하자. 가방에서 노트북을 꺼내 검사를 받게 되는데, 이때 보안원이 노트북을 함부로 다루지 않는지 지켜보는 것이 안전하다. 보안원도 물론 조심하겠지만, 결국 자신의 소지품은 자신이 주의해서 챙기는 수밖에 없다.

● 사진

사진 전문가든 아니든 카메라가 없는 여행은 누구도 상상할 수 없을 것이다. 여행사진가 네트워크 www.travelphotographers.net 에서 영감을 주는 사진들과 기사를 보면 창작욕구가 마구 솟아날 것이다. 사진 촬영은 특히 솔로여행자에게 안성맞춤이다. 그룹 여행에서는 사진에 별로 관심이 없는 일행에 신경을 써야 하지만, 나 홀로 여행에서는 일정을 마음대로 정할 수 있기 때문이다. 꼭두새벽에 일어나 일출 사진을 촬영해도 되고 시장이나 정글로 남몰래 숨어 들어갈 수도 있다. 또한 우리 여성들은 현지 여성들과 부담 없이 사귈 수 있으므로 더욱 유리하다. 우리가 마음을 열고 접근하면 그들 또한 자연스럽게 자신과 가족들에 대해 이야기하게 되고 이곳 저곳을 보여주며 스스럼 없이 카메라 앞에서 포즈를 취하게 되는 것이다.

출장, 모험, 휴가, 어떤 여행이든 나는 반드시 카메라를 챙겨 아름다운 경치와 멋진 광경이 나타날 때마다 기록으로 남긴다. 여러 해 전 업무를 위해 로마에 다녀와야 했다. 나는 카메라 장비와 필름이 가득 찬 배낭을 메고 있었다. 로마는 몹시 뜨거웠다. 32도가 넘는 열기 속에서 무거운 짐을 지고 다니느라 나는 덥고 지쳐 있었다. 트레비 분수와 콜로세움에서도 사진을 찍고 싶은 마음이 일어나지 않았다. 그 일을 계기로 나는 슬라이드 촬영을 포기하고 디지털로 돌아서게 되었다. 지금은 예전 장비의 8분의 1 정도밖에 안 되는 카메라를 들고 다닌다.

디지털 카메라에서는 원하지 않는 사진을 삭제할 수 있고 집에 돌아와서는 코닥 갤러리 www.kodakgallery.com, 플리커 www.flickr.com, 스냅피쉬 www.snapfish.com 같은 사이트에 사진을 올려 친구들과 가족들은 물론 모르는 사람들과도 여행의 추억을 공유할 수 있다.

여행 중에는 USB 케이블을 이용하여 이들 사이트에 사진을 업로드할 수 있다. 카메라에 들어있는 사진을 삭제하기 위한 방법으로 이들 사이트에 사진을 저장하는 것은 그리 좋은 생각이 아니다. 컴퓨터 하드 드라이버에 원본 사진을 저장하는 것만큼 안전하지 않기 때문이다. 여분의 메모리 카드를 반드시 챙기도록 하자.

| 여행에 앞서 최고의 사진을 찍기 위한 준비로 나는 사진촬영 노하우를 담은 책을 공부하는 한편 여행목적지의 사진을 담은 화보집을 섭렵한다. 사진 강좌도 촬영기술을 개선하는 데 도움이 된다. 지역센터나 대학의 문화센터에서 전문 작가의 강좌를 들을 수 있다. 또한 전문가가 이끄는 사진 여행에 참석하는 방법도 있다.

| 개인이나 중요한 종교 또는 문화 현장을 촬영할 때는 사진을 찍어도 되는지 사전에 확인할 것을 권한다. 브랜다 쌉www.brendatharp.com의 사진은 자연과 여행 그리고 야외활동에 중점을 둔다. 캘리포니아의 레드우드 국립공원에서 부탄에 이르기까지 그녀는 다양한 지역을 여행했다. 그녀는 집을 떠나기에 앞서 여행지의 문화를 공부하라고 강조한다. "어느 곳이든 현지인들을 보면 무조건 셔터를 누르는 사람들이 있습니다. 그 때문에 모욕을 느끼는 사람들이 참 많습니다. 안타까운 일이지요."

- GPS

GPS가 정확하게 무엇이며 어떻게 작동하는지 잘 모르는 사람들이 많을 것이다. GPS(Global Positioning System, 범지구 위치 측정 시스템)는 미국 정부가 운용하는 인공위성들을 이용한 위치인식 시스템이다. 지구 궤도를 도는 인공위성들이 관측한 위치 정보를 지구로 보내면 GPS 수신기가 그 정보를 받아 계산하여 사용자의 지상 위치를 알려주는 것이다. 장비의 품질에 따라 오차 범위가 2미터에서 6미터 정도이다.

- GPS는 위가 막힌 곳에서는 수신이 되지 않으므로 짙은 삼림이나 동굴 지역에서는 신호가 고르지 않을 수 있다. 등반가이자 오지 탐험가인 알리슨은 GPS에만 의지하지 말고 지도와 콤파스를 항상 가지고 다니라고 조언한다. 그렇다 해도 알리슨은 GPS를 충분히 활용하고 있다. "처음 가는 곳에는 GPS를 반드시 가지고 갑니다. 내가 가는 대로 위치를 기억시켜 두면 필요할 때 그곳을 정확하게 되찾아갈 수 있습니다."

- 잘 아는 길을 갈 때는 GPS에 투자하고픈 마음이 일어나지 않겠지만 GPS는 등산가, 산악인, 보트나 자전거 또는 오토바이 오프로드 여행자에게는 필수품이다. 방향치 운전자에게도 아주 편리하다.

- 로라는 오프로드 오토바이 라이딩에 GPS를 유용하게 사용하고 있다. "스크린이 작아서 계획단계에서는 큰 도움이 되지 않지만, 운행할 때는 뒷좌석에 길을 잘 아는 사람 하나를 앉혀 놓은 것 같아요. 잘못된 길로 들어서면 웨이포인트를 보며 길을 찾을 수 있으니 편리합니다."

- PDA가 내장된 GPS를 사용하면 루트와 함께 일정을 동시에 알려준다. 언어 번역기가 내장된 GPS도 있다. 가민 www.garmin.com에서는 고품질의 소형 기기를 출시했는데 가격은 100달러에서 1,000달러까지 다양하다.

- GPS의 또 다른 즐거움은 지오캐싱을 보너스로 즐길 수 있다는

것이다. 지오캐싱은 야외에서 즐기는 보물찾기와 비슷한 것으로 참가자가 GPS를 이용해서 전세계 곳곳에 보물을 숨기고 또 찾는 것이다. 지오캐싱 사이트 www.geocaching.com 를 통해 전세계에 숨겨진 보물의 위치 정보를 접할 수 있다. 사이트에서 얻은 정보와 자신의 GPS를 이용하여 보물의 은닉처를 찾아내는 게임이 바로 지오캐싱이다. 보물은 주로 비싸지 않은 기념품으로 물이 들어가지 않도록 병이나 케이스에 담겨 있다. 찾아낸 보물을 꺼내고 뒤에 보물을 찾으러 올 사람들을 위해 작은 기념품을 남겨두면 된다. 보물상자에 있는 일지에 기록하는 것을 잊지 말자!

- 다운로드

당신의 컴퓨터로 곧장 배달되는 최신 오니오, 책 그리고 비니오를 마음껏 즐겨보자.

- 오디오 투어

여행을 떠나기 전에 목적지에 대한 정보를 담은 오디오 투어를 듣게 되면 그곳이 어떤 곳인지 감을 잡을 수 있다. 목적지에 도착하여 오디오 투어를 이용하면 마치 가이드와 다니는 것 같이 도시 곳곳을 안내 받게 된다. 오디오 투어는 아이팟, 노트북 또는 기타 청취기기에 다운로드할 수 있다. 아이저니 www.ijourneys.com 는 고대 로마와 폼페이를 비롯하여 수많은 도시에 대한 오디오 투어를 제공하고 있다. 아이저니의 운영자 엘리제는 특히 여성 솔로여행자에게 오디오 투어를 추천한다. "이어폰만 있으면 도시 전체를 샅샅이 관광할 수 있으니 솔로여성들에게 큰 도움이 됩니다. 600페이지가 넘는 가이드북을 손에 들고 다니면서 '나는 관광객'이라고 외치고 다니는 것과는 비교할 수 없지요."

| 사운드워크 www.soundwalk.com는 경쾌한 테크노 음악을 배경으로 정말 신나고 재미있는 오디오 투어를 제공한다. 힙합 워크와 브루클린의 유대인 거리인 헤시딕 워크를 비롯 뉴욕 곳곳을 안내한다. 베를린과 파리에서 조깅을 즐기면서 들을 수 있는 러닝 투어 프로그램도 있다.

- 팟캐스트(Podcast)

팟캐스트 또는 포드캐스트는 다운로드할 수 있는 오디오 프로그램으로 대부분 무료로 제공된다. 론리 플래닛과 유럽 전문의 릭 스티브 www.ricksteves.com 같은 출판사에서 제공하는 오디오 프로그램은 가이드 인터뷰, 전문 리포터 또는 우리 같은 단순 여행자들의 여행기를 포함하여 특정 여행지에 대해 다양한 정보를 제공한다. 10분에서부터 한 시간까지 길이도 다양하다. 팟캐스트는 휴대용이므로 어디서든 편리하게 들을 수 있다. 방콕에서 치앙마이까지 가는 야간 버스에서 팟캐스트로 무료함을 달래거나 헬스클럽에서 운동하면서 다음 여행을 계획해도 좋을 것이다.

| 인디 트레블 팟캐스트 www.indietravelpodcast.com에서는 조언과

리뷰를 포함한 재미있는 기사를 들을 수 있다. 아마추어 트레블러www.amateurtraveler.com의 인터뷰도 들을 만하다.

> ★ 생생 팁! 여행에서 돌아와 소형 디지털 녹음기나 MP3 플레이어에 간단한 기기를 연결하여 사운드를 녹음하면 자신만의 팟캐스트를 제작할 수 있다.

- RSS(Really Simple Syndication)

RSS를 이용하면 즐겨보는 웹사이트나 블로그에 새로운 글이나 공지사항이 올라올 때 실시간으로 정보를 받아볼 수 있다. 나는 여행 관련 웹사이트를 구독하고 있어서 특별 항공요금이 공지되거나 뉴스거리가 될 만한 글이 게시되는 즉시 알 수 있다.

| 예를 들어 사이드스텝www.sidestep.com에서 제공하는 RSS 피드를 통해 호텔, 크루즈, 휴가용 임대 주택의 공동 이용 계약, 비행기 등 취급상품 가운데 새로운 가격이 공지되는 순간 곧바로 알 수 있다.

| 웹사이트의 특정한 주제에 대해서도 RSS 피드가 제공된다. 야후, AOL, 구글, 블로그라인 등에서 제공하는 RSS 리더가 필요하다. 한국에서는 한RSS와 연모가 많이 사용된다. 구독한 웹사이트나 주제에 새로운 정보가 업데이트되면 리더 리스트에 추가되는데 최근 것만 리스트에 남으므로 자주 업데이트되는 사이트는 최소한 하루에 한 번 이상 정기적으로 체크해야 한다.

| 온라인 검색 시 RSS 아이콘을 찾아 꾹 누르면 즐겨 보는 주제가 자동적으로 내게 날아온다.

- E-북

  아마존과 소니 www.sonystyle.com에서 E-북 리더가 나오는데 책 전체를 다운로드하여 스크린에서 읽을 수 있다. 종이책보다 약간 작고 훨씬 얇은 아마존 킨들은 200여 권의 책을 저장할 수 있고 소니의 리더 디지털 북에는 160권까지 담을 수 있다.

  가격은 비싼 편으로 킨들이 350달러, 소니의 리더 디지털 북이 300달러 정도이다. 다운로드하는 책은 따로 사야 하는데 종이책보다 저렴하다. 킨들은 어뎁터와 USB 케이블을 제공한다. 소니의 경우, 노트북을 가져가지 않는다거나 USB 케이블을 사용할 수 없다면 따로 판매하는 어뎁터를 사야 한다.

- 비디오

  토털비드 www.totalvid.com에는 여행 관련 비디오가 수백 편 있어서 노트북 또는 윈도우 미디어 플레이어를 사용하는 기기에 내려받을 수 있다. 제한된 기간 동안 볼 수 있다는 점에서 대여 비디오의 개념과 비슷하지만 DVD 구입가격과 비교할 수 없이 저렴하다. 넷플릭스 www.netflix.com에서도 다양한 여행 비디오를 대여할 수 있다.

12
경비에 관한 모든 것

예산 짜기, 경비 기록, 환전. 팁은 얼마나 주어야 하나? 현금이냐, 크레디트 카드냐? 설릴 셋 없이 즐거운 여행에서 돈과 관련된 일은 왠지 성가시고 골치 아프게 생각되기 쉽다. 그렇지만 조금만 신경 써서 지갑을 관리하면 돈도 절약되고 자신감도 커진다. 이 장에서는 경비와 관련된 모든 것을 짚어보자.

- **여행경비 마련하기**

여행경비는 여행기간과 여행지에서의 활동에 따라 달라진다. 또한 어느 정도로 여유롭게 또는 알뜰하게 지낼 것인가에 따라서도 크게 좌우된다. 그렇지만 예산을 짜기에 앞서 먼저 해야 할 일이 있다. 여행경비를 모으는 일이다. 지난 20여 년 동안 나는 어떻게 그렇게 여행을 자주 할 수 있느냐는 질문을 수도 없이 들었다. 대고모님께서 숨겨놓은 돈을 유산으로 받은 것도 아니고, 무엇인가 대단한 것을 발명하여 전국적인 열풍을 일으킨 것도 아니다. 단지 여행을 최우선으로 하기 때문이다.

처음 여행에 빠졌던 시절, 점심 시간이면 우르르 사무실을 빠져나가는 직장동료들의 뒷모습을 지켜보던 기억이 떠오른다. 그들이 어렵사리 버는 돈을 먹고 마시는 데 쓰는 동안 나는 점심을 싸 가지고 다녔다. 그렇게 해서 모은 돈이 일주일에 대략 25달러였다. 게다가 보너스로 건강까지 챙겼다. 25달러라면 대수롭지 않게 생각될 수도 있다. 그렇지만 방콕으로 배낭여행을 떠난다 치면 그 돈으로 1주일은 더 버틸 수 있다. 게스트하우스 요금이 하루에 2달러, 길거리 노점에서 1달러면 한 끼를 해결할 수 있으니 말이다.

삶에서 여행이 최우선이 되면 다른 것은 문제가 되지 않는다. 보석가게 한가운데서 반짝이는 목걸이, 하루라도 안 뿌리면 못 살 것 같은 향수, 분위기 있는 레스토랑에서의 우아하고 근사한 저녁, 이 모든 것들을 훗날로 미룰 수 있게 된다. 대신 당신의 꿈을 이루기 위한 여행자금이 쌓이는 것이다. 생일날 무슨 선물을 원하느냐고 묻는 가족과 친구들에게 선물 대신 현금을 요구하자. 이렇게 조금씩 모인 돈이 당신도 모르는 사이에 제법 빨리 불어나는 것이다.

★ **생생 팁!** 청구서나 식료품 같은 일상적인 지출은 가능한 한 마일리지를 축적할 수 있는 신용카드로 결제하고 매달 잊지 말고 대금을 납부하자. 낭비는 금물이다. 마일리지가 쌓이니 괜찮다는 핑계로 새옷을 사면 배보다 배꼽이 더 커진다.

● 예산 짜기

예산은 두 가지 방법으로 계산할 수 있다. 내가 선택한 모험에 돈이 얼마나 들어가는가? 아니면 내가 쓸 수 있는 돈이 얼마나 되는가? 그런 다음 현재 가지고 있는 현금을 기준으로 여행을 계획한다. 여행안내서를 참고하여 식대와 버스, 택시, 기차 등 교통비를 계산한다. 이 두 가지가 여행경비 중에서 제일 큰 부분을 차지한다.

숙박비와 식대, 교통비, 오락비로 들어가는 일일 체재비를 정해놓는다. 숙박비가 저렴한 곳에서 머물렀거나 노천시장에서 점심을 해결하여 돈이 남았다면 기념품을 사거나 현지 투어에 참가하자.

무엇보다 중요한 것은 자제하는 것이다. 여행 중에 낭비하여 예산은 물론 신용카드도 사용한도까지 다 써버리면 귀국하여 심한 스트레스를 받게 되고 심한 경우에는 여행후 우울증에 걸릴 수도 있다. 일생에 한 번뿐인 기회를 도저히 포기할 수 없을 경우에는 보다 중요한 것을 위해 스스로와 타협하고 양보해야 한다. 예를 들어, 오랑우탄 구경을 놓칠 수 없어 원래 계획에 없던 수마트라 관광을 하고 싶다면 호텔 대신 값싼 게스트하우스에서 묵고 저녁 대신 스낵으로 때우는 등 다른 경비를 줄여야 한다.

사전에 세심하게 계획할수록 스트레스는 줄어든다. 여행을 위해 더 많이 절약하고 덜 쓰게 될 테니까.

● 경비 기록

여행 중에 지출한 내용을 꼼꼼하게 기록하면 돈을 아무렇게나 흥청망청 쓰지 않게 된다. 점심 후에 날마다 아이스크림을 하나씩 사먹었다면 그 돈이면 고급 식당에서 멋진 식사를 할 수 있다는 사실을 금방 알게 될 것이다.

나는 소형 스프링 수첩에 영수증을 받지 못하고 구입한 것들을 낱낱이 기록한다. 여행 마지막 날에는 일기장 뒷면에 그 동안에 쓴 모든 경비를 기록한다. 어디에 돈을 얼마나 썼는지 날마다 기록하고 평가하면 경비를 효과적으로 쓸 수 있다.

출장여행에서는 무엇을 사든 영수증을 반드시 챙기자. 가능한 한 신용카드나 직불카드를 사용하면 그것 자체가 경비 명세서 역할을 한다. 또 영수증을 잃어버렸거나 받지 않았더라도 지출 내역을 알 수 있다. 영수증을 날짜 별로 분류하면 귀국 후에 경비 보고서를 쉽게 작성하여 회사에 일찍 제출할 수 있다.

★ 생생 팁! 소형 배낭이나 여행가방 또는 서류가방에 특정한 곳을 정하여 영수증을 모

아두자. 그러면 여행 중이나 귀국 후 경비를 기록하기가 훨씬 쉽다.

- 환전

    여행 전에 현금의 일부를 여행국의 화폐로 환전하면 편리하다. 아메리칸 익스프레스www.americanexpress.com는 50개 국 이상에 대해 온라인으로 주문할 수 있는데 현금을 UPS로 보내면 된다. 비자, 마스터 카드, 그리고 물론 아메리칸 익스프레스 카드를 받는다. 은행에 방문하여 환전하는 일반환전과 인터넷을 이용한 사이버환전이 있다. 그러나 현지 통화의 변동폭이 크지 않을 경우에는 목적지에 도착해서 바꾸는 것이 환율이 더 유리하다. 그러므로 여행 전에는 택시비와 기사 팁, 벨보이 팁 등 호텔까지 가는데 필요한 경비와 간단한 식사에 필요한 정도만 바꾸면 된다.

    여행 중에 받을 수 있는 최고 환율은 국제현금카드로 현지 은행의 ATM(현금 자동입출금기)에서 직접 인출하는 것이다. ATM이 없는 경우에는 현금이나 여행자 수표를 은행이나 환전소에서 바꾸면 된다. 환전소에서는 약간의 수수료를 부과하므로 은행이 더 유리하다. 마지막 선택권은 가게와 식당, 호텔 등에서 미국 달러화로 지불하는 것이다. 물론 최악의 환율을 적용받게 될 것이다.

    대부분의 여행자는 거리에서 환전을 유도하는 암거래상을 만나게 된다. 이들은 보통 은행 밖에서 지켜보고 있다가 여행자에게 접근하여 은행보다 더 유리한 환율로 바꾸어주겠노라고 유혹한다. 이상하게도 노련한 여행자들도 이런 유혹에 넘어가는 경우가 종종 있다. 여행 경험이 풍부한 밀드레드도 남아메리카 여행 중에 길거리 환전상의 유혹을 물리치지 못하고 10달러를 바꿨다. "이 엉큼한 사람들은 어리숙한 관광객들을 노리고 있었습니다. 그들이 내게 준 돈은 위조지폐였어요. 거리에서 돈을 바꾸라고 하는 사람들은 무조건 피하는 게 상책입니다. 저는 그나마 조금 잃었으니 다행이었습니다."

여행국을 떠나기 전에 은행이나 환전소에서 남은 현지 화폐를 바꾸는 것이 좋다. 출국세와 공항에서 먹을 간식, 그리고 마지막 순간에 사게 되는 기념품을 위해 약간의 현금은 남겨두자. 여행안내서를 참고하여 공항세가 있는지, 있다면 얼마인지 확인하자. 또는 입국시 공항에서 문의해도 좋다. 라오스 같이 현지 화폐를 가지고 나갈 수 없게 되어 있는 국가도 있다. 혹 집까지 가져간다 하더라도 환율이 좋을 리 없다.

- 현금

물론 현금이 제일이지만 여행 중에 많은 돈을 지니고 다니는 것은 안전하지 않다. 현금은 잃어버리기 쉽고 도둑맞을 위험이 큰데다 문제가 생길 경우 신용카드나 국제현금카드 또는 여행자수표와 달리 돌이킬 방법이 없다.

현금은 며칠 동안은 쓸 수 있을 만큼 충분히 지참하는 것이 좋다. 아니면 환전이나 인출이 가능한 장소에 도착할 때까지 쓸 수 있는 정도를 지녀야 한다. 대부분의 지역에서 ATM을 24시간 쓸 수 있지만 은행 영업시간이 본국에서와 다를 수 있다. 예를 들어 유럽 은행들은 오후 일찍 영업을 마치고 중앙아메리카와 남아메리카에서는 시에스타 때문에 점심시간이 길다.

│ 현금으로 지불하면 혜택을 받는 경우가 종종 있다. 코스타리카에서는 호텔, 선물가게 또 식당에서 미화를 내면 1퍼센트 정도 깎아준다. 여행자 수표도 마찬가지다.

│ 전부는 아니지만 외국의 많은 상점에서 미국 달러화를 받는다. 서비스업에서 일하는 사람들이나 여행자들과 자주 접촉하는 사람들은 미화로 받는 것을 더 좋아한다. 공항에서 호텔까지 가는 버스나 택시 요금에 충분한 달러를 현금으로 준비하자. 1달러 지폐도 많을수록 좋다. 벨보이에서부터 특별하게 맛있는 음식을 파는 거리의 노점상인까지 팁을 주려면 1달러짜리 지폐가 많이 필요하다. 미 달러화의 깅세에 따라 미국 시민이 아닌 여행자들도 미화로 환전하는 것이 대체로 유리하다. 몇몇 지역의 호텔과 식당은 아예 미화로만 청구하는 곳도 있다.

│ 화폐는 빳빳하고 깨끗한 것이 좋다. 어떤 곳에서는 상점 주인들이 찢어지고 낡은 지폐만 골라서 거스름돈으로 건네주기도 한다. 집을 떠나기 전에 나는 늘 은행에 들러 1달러 지폐 중에서 제일 깨끗한 것을 고르느라 시간과 공을 들인다. 그것을 팁으로 받고 좋아할 사람들을 떠올리면 어느새 즐거운 여행이 시작되는 것이다.

- 신용카드

신용카드는 현금보다 편리하지만 추가요금이 부과된다는 사실에 유의하자. 수수료는 은행에 따라 다르지만 대략 2~3퍼센트 정도이다. 돈이 떨어지면 신용카드로 현금대출을 받는 경우가 있는데, 현금대출에는 수수료는 물론 최고 25퍼센트까지 높은 이자가 부과된다는 것을 명심해야 한다. 연락할 필요가 있을 때를 대비하여 거래 신용카드사와 은행의 일반 전화번호를 지니고 가자. 북아메리카 밖에서는 무료전화가 되지 않는데 이들 회사들은 다행히 콜렉트 콜이 가능하다.

★ **생생 팁!** 기념품을 집으로 직접 발송해주는 공장이나 상점을 이용한다면 상품이 분실되거나 훼손되는 경우에 대비하여 신용카드로 지불할 것을 권한다.

- ATM·직불카드

현지 화폐가 필요할 때 은행 ATM에서 돈을 인출하는 것이 환율이 가장 유리하다. ATM은 도시와 규모가 큰 마을에서는 쉽게 발견할 수 있지만 오지, 특히 개발도상국의 오지에서는 기대하지 않는 것이 좋다. 이런 곳에서는 현금을 예비로 준비해야 한다.

인도 오지 여행에 나섰던 에이미는 최악의 시나리오를 가상했다. "ATM에서 800달러를 인출했습니다. 그 정도면 3주 동안 매일 밤 제일 비싼 호텔에서 잔다 해도 문제 없었지요. 3주면 ATM도 틀림없이 나올 거구요."

국제현금카드를 사용할 때 제휴 은행이 아닌 곳에서 인출할 경우 최고 5달러의 수수료를 낼 수 있으니 주의하자.

- 여행자수표

  여행자수표는 직불카드와 신용카드에 밀려 예전처럼 많이 통용되지는 않지만 여행국에 따라 매우 편리하게 쓰인다. 광고와 달리 실제에 있어서는 신용카드를 받지 않는 업소가 많기 때문이다.

  | 아메리칸 익스프레스는 여행자수표를 여행국 통화로 발행하는데 출국 전에 받을 수 있다. 이 경우 수수료가 부과되며 실제로 수표를 구입한 날짜의 환율이 적용된다. 단일 국가나 EU 같이 하나의 통화가 사용되는 지역으로 여행할 때 유리하다.

  | 여행자수표는 전세계 대부분의 은행과 환전소에서 환전이 가능하고 잃어버렸을 경우 가까운 경찰서에 신고하여 재발급을 받을 수 있기 때문에 현금보다 안전하다. 한국에서는 전국의 환은행에서 구입할 수 있다.

  | 여행자수표를 구입하면 수표번호를 기록하여 집에 남겨두고 짐 속에도 보관하자. 돈과 짐을 모두 잃어버렸을 경우 집에 연락하여 수표번호를 알아내면 다시 발급받을 수 있다.

  | 수표는 환전소보다 은행에서 바꾸는 것이 유리하다. "bureau de change" 또는 "casa de cambio"라고 쓰여진 환전소는 수수료를 부과할 뿐만 아니라 환율도 은행보다 불리한 경우가 많다.

개발도상국에서는 전기가 자주 끊기고 아예 없어서 ATM을 이용할 수 없거나 상점이나 음식점에 신용카드 단말기가 없는 곳도 많다. 이같이 인프라가 열악한 곳이 아니더라도 전기가 갑자기 끊어지는 일은 어디에서나 생길 수 있으니 여행자수표가 안전한 대안이 될 수 있다.

- 환율 계산기

출발에 앞서 엑스이닷컴 www.xe.com 에서 환율을 미리 알고 계산해두면 편리하다. 호텔, 그룹 투어 또는 현지 이벤트를 현지 통화로 온라인 예약하려면 환율을 알아야 한다. 소형 환율계산기도 15달러 정도면 구입할 수 있다. 여기에는 계산기와 알람이 포함되어 있다.

- 가격 흥정

과테말라의 전통 인디언 시장이든 뉴욕 뒷골목에서 열린 벼룩시장이든 가격 흥정은 언제 어디서나 재미있다. 또한 현지인들과 만날 수 있는 절호의 기회이다. 가격을 놓고 상인과 밀고 당기다가 원하는 가격을 종이쪽지나 땅 위에 쓰면 상인이 다시 조금 올려 부른다. 두 사람은 인내심을 발휘하여, 그러나 겉으로는 무관심한 척 입씨름을 계속하는 것이다.

즐거운 모험에 나서기 전에 나는 언제나 윈도우 쇼핑을 한다. 정찰제 상점을 돌아보면 가격이 어느 정도인지 알 수 있고 현지 통화에 익숙해져 빨리 계산할 수 있게 된다.

| 대체로 상인들은 실제로 받으려는 금액의 두 배를 부르는 경향이 있다. 그러므로 정말로 원하는 상품이라면 흥정을 잘할 경우 거의 절반으로 가격을 깎을 수 있다. 만약 상인이 처음부터 터무니없이 높은 가격을 부르면 꼭 팔겠다는 생각이 없는 것으로 간주하고 지나쳐버리는 것이 좋다.

| 개발도상국가의 노점상들이 여행자에게 자주 하는 말이 있다. "여행자들은 시간은 없고 돈이 많은데 우리들은 돈은 없고 시간이 많아요." 즉, 상인들은 가격 흥정에 시간이 얼마든지 걸려도 상관없지만, 여행자들은 시간을 절약해야 하므로 빨리 포기한다는 것이다.

| 작은 기념품 하나를 사기 위해 몇 푼 안 되는 돈을 놓고 티격태격하는 것이 우습게 보일 수도 있지만, 가격 흥정은 돈을 절약하는 것 이상의 의미가 있다. 여행지에게는 자연스럽게 현지인들과 아주 가까이서 어울리는 기회가 되고 상인들 또한 절대 손해를 보는 일은 없기 때문이다. 상품을 살 마음이 없는데 흥정을 계속하는 것은 상인에게 헛된 희망을 주면서 그의 시간을 낭비하는 것이다. 흥정을 시작하여 공정한 가격에 이르면 물건을 사는 것이 바람직하다. 일단 흥정을 시작하면서부터는 당신이 내는 돈으로 상인 가족의 그날 저녁상이 결정된다는 사실을 기억하자. 그 상품이 당신에게 가지는 가치만큼 기꺼이 지불하자.

| 만약 여행 중에 쇼핑을 지나치게 많이 했다면 집으로 보내는 것을 고려하자. 첫번째 태국 여행에서 나는 토착민들이 손수 만든 아름다운 공예품과 타피스트리에 반해 흥분한 나머지 일년 일

정의 여행을 이제 막 시작했다는 사실을 깜빡 잊어버리고 이것저것 정신없이 사들였다. 산더미만해진 선물들 앞에서 한숨을 쉬다가 하는 수 없이 상자에 포장하여 부모님 댁으로 부쳐야 했다. 그래도 상자에 넣은 품목 하나하나를 기록하는 것은 잊지 않았다. 집에 도착하고 보니 마치 크리스마스 같았다. 거의 일 년 전에 샀던 선물들이 집안에 그득했던 것이다.

가격 흥정은 물건 사는 데만 한정되지 않는다. 숙소와 관광상품에 대해서도 가격을 깎아보자. 다른 손님들이 주변에 없는 틈을 타서 거래를 시도하는 것이 유리하다. 다른 사람들이 절대로 모른다면 호텔 직원이 에누리를 해줄 확률이 높다.

만약 정가제 호텔이라면 그 가격대에서 가장 조건이 좋은 방을 요구하자. 아니면 보다 고급 객실로 승급해달라고 요청해보자. 운이 좋으면 말 한 마디로 그 호텔에서 제일 넓은 방이나 해변이 보이는 방에서 묵을 수 있다.

> ★ 흥정 사고
>
> 캄보디아에서였다. 앙코르와트까지 가는 반일 일정을 놓고 가격을 흥정하기 위해 택시 기사와 한참을 옥신각신했다. 가격을 실컷 깎아놓고 확인하기 위해 마지막 가격을 땅에 쓰기로 했다. 나도 기사도 영어로 말했다. 내가 기사에게서 들은 것은 17,000리엘이었다. 그런데 기사가 땅에 쓴 숫자는 70,000 이었다. 아이구 머리야!

- 팁

    국가마다 팁 관행이 천차만별이다. 북미인들은 보통 15~20퍼센트를 주는 반면 이탈리아의 택시 기사는 5~10퍼센트에 만족한다. 독일 웨이터라면 10퍼센트 정도를 기대할 것이다. 여행안내서를 참고하여 여행지의 팁 문화를 확인하자.

    | 팁이 아예 청구서에 포함되는 나라들도 있다. 청구서를 받으면 팁이 포함되어 있는지 직접 확인하거나 주인에게 물어보자. 돈이 떨어져도 상관없다면 아무래도 괜찮지만 말이다.

- 세금 환불

    대부분의 국가에서 외국인 여행자가 집으로 가져가는 상품에 대해 부가가치세를 환불해준다. 부가가치세는 상품 가격의 최고 25퍼센트까지 올라간다. 글로벌 리펀드 www.globalrefund.com 에서 참여국가와 최신 정보를 확인하자. 국가마다 요건이 조금씩 다르다. 예를 들면 스웨덴에서는 25달러, 스위스에서는 340달러 이상의 물품을 구매해야 자격이 생긴다. 캐나다는 호텔 룸에 대해 세금을 환불해주는 반면 상품에 대해서만 환불이 가능한 나라도 있다.

    | 환불을 신청하려면 상품을 구입한 상점이나 호텔에서 환불신청서를 받아야 한다. 모든 상점에 신청서가 비치된 것이 아니어서 혜택을 못 볼 수도 있다. 문에 면세쇼핑 로고가 붙어있는 상점은 신청서가 있는 곳이다.

    | 공항을 떠날 때 신청서와 영수증 그리고 물품을 세관 직원에게

보여주면 서류에 스탬프를 찍어 승인해준다. 그러므로 해당 물품은 탁송하는 짐에 넣지 말고 휴대해야 한다. 공항에 따라 면세쇼핑 데스크에서 세금을 현금으로 즉시 환불해주는 곳도 있다. 그렇지 않으면 신청서를 우편이나 글로벌 리펀드 또는 택스백 인터내셔널 vat.taxback.com에 온라인으로 제출하면 되는데, 여기서는 수수료를 받고 대행해준다.

| 공항 국제선 터미널에 즐비하게 늘어서있는 면세점에서 쇼핑을 할 경우, 지정된 면세쇼핑 데스크에 영수증을 현장에서 제출하면 된다. 우편으로도 환불받을 수 있다.

| 쇼핑을 많이 하고 영수증을 부지런히 챙기면 꽤 많은 금액을 돌려받을 수 있다. 여행 경비의 일부를 보충하기에 나쁘지 않은 방법이다.

● 경비 절약을 위한 조언
   ▪ 공항에서 목적지까지 다른 여행자들과 차편을 함께 이용하자.
   ▪ 마음이 맞는 여행자를 만나면 숙소나 다음 목적지까지 차편을 나누자.
   ▪ 아침식사가 포함된 호텔을 이용하자.
   ▪ 무엇을 사든 에누리를 요청하자.
   ▪ 식당, 호텔, 슈퍼마켓, 상점 등에서 과잉청구하지 않았는지 영수증을 꼼꼼히 확인하자.

13
뭐니뭐니해도 안전이 최고!

혼자서 여행한다고 해서 여럿이 함께 하는 여행보다 안전하지 않다는 법은 없다. 그러나 명심해야 힐 깃은 언제나 정신을 바짝 차리고 안전에 특별히 신경을 써야 한다는 것이다. 어떤 결정이든 혼자라는 사실에 근거하여 내려야 한다.

- 안전과 목적지

여행자 폭행이나 강간 등 흔치 않은 뉴스를 들을 때마다 가족과 친구들은 내게 걱정과 비난이 담긴 어조로 소식을 전한다. 그렇지만 착한 사람들에게도 나쁜 일이 일어난다. 이 세상 어디에서나, 여행을 하든 집에 가만히 있든 상관없이 말이다. 세심하게 주의한다면, 여성여행자가 공공연하게 위험한 상황에 부닥치는 경우는 그리 흔치 않다.

통계적으로 여행은 아주 안전하다 할 수 있지만, 여성 솔로여행자에게 특히 불리하게 작용하는 몇 가지 요소에는 주의해야 한다. 버스나 지하철에서 일단의 현지 남자들에게 포위당하거나 휘파람이나 야유를 받는 등, 우리들이 부딪치게 될 골칫거리들이 있다. 개중에는 당신이 짧은 로맨스의 대상을 찾아다닌다고 의심하는 사람들도 있을 것이다. 어느 지역에서는 혼자서 여행하는 여성들을 전혀 이해하지 못하고 무례하게 행동하는 사람들을 만날 수도 있다.

- 여행경보

대한민국과 미국을 비롯하여 많은 나라에서 자국민이 여행을 피해야 할 국가를 대상으로 여행경보를 발령하고 있다. 특정 지역이 우려된다면 이 경보를 참고하기 권한다.

그런데 여행경보는 가감해서 받아들일 필요가 있다. 실제로 피해야 할 곳은 몇몇 고립지역에 불과한데 '비안전' 지역으로 분류되는 경우도 있다. 미국은 지난 2002년 발리에서 일어난 폭

탄 사건을 이유로 인도네시아를 비안전 국가로 분류했다. 이와는 대조적으로 미국 정부는 9·11 사태 이후에도 뉴욕 여행을 장려하고 있다. 이것이 도대체 공정한 처사인가?
| 시사 뉴스와 기사를 챙겨 읽고 신문과 인터넷을 통해 최신 정보를 살펴보자.

- 범죄율

안전도는 국가에 따라, 심지어는 한 국가 안에서도 차이가 난다. 특별히 위험한 곳으로 소문난 나라들이 있는데, 사실은 그 나라의 어떤 도시나 특정 장소 또는 특정 기간 때문에 그 같은 평가를 받는 경우가 많다. 이를테면 모로코는 야간에 위험하고 브라질은 카니발 기간에 사고가 많이 일어난다.

| 낯선 사람들이 나를 뚫어지게 쳐다본다거나 처음 보는 남자가 말을 걸며 추근대는 것은 생각만 해도 고개가 저어진다. 그렇다고 해도 나는 내가 선택한 곳으로 여행을 떠날 것이다. 이것은 물론 개인적인 선택이다. 여행 목적지를 결정할 때에는 현지인들의 부적절한 관심을 자신이 어느 정도 수용할 수 있는지를 고려해야 한다. 물론 그 지역의 전반적인 치안 상태도 참작해야 한다.

| 다양한 자료를 참고하여 자신에게 적절한 목적지를 찾아보자. 이 자료들은 평판이 나쁜 지역을 피하는 데도 도움이 될 것이다. 우선 여행안내서를 읽으면 여성 여행자에게 곤란한 요소를 대략적으로 파악할 수 있다. 온라인 포럼에서는 목적지의 안전

문제에 대한 최신 정보뿐만 아니라 특정 범죄나 사기로부터 자신을 보호할 수 있는 자세한 정보를 얻을 수 있다. 때로는 사기꾼이나 도둑의 최신 수법을 아는 것만으로 피해를 막을 수 있다. 그들이 노리는 것을 주의하면 된다. 온라인 포럼에 대해서는 제4장 〈세부계획 짜기가 여행의 반〉을 참고하자.

| 자신에 대한 정보를 스스로 흘리지 않도록 주의해야 한다. 카페 같은 곳에서 다른 여성 여행자와 무심코 나누는 이야기를 엿듣는 사람이 있을 수 있다. 나쁜 의도를 가진 사람이라면 당신이 어디에서 얼마 동안 묵는다는 정보를 이용하여 해로운 일을 꾸밀 수도 있다.

| 여행 중에 경계를 늦추지 않는 것은 물론 중요하다. 그렇지만 여행이 주는 모든 것에 마음을 열고 길 위에서 만나는 현지인들과 여행자들을 신뢰하는 것 또한 그에 못지않게 중요하다.

- **옷차림**

원치 않은 시선, 휘파람, 말 걸기, 성희롱, 잠재적 폭력. 이런 것들을 피하려면 무엇보다도 현지 문화를 이해해야 한다. 그렇다고 희생자가 잘못해서 이 같은 사고들이 일어난다는 뜻은 절대 아니다. 그러나 인도나 중동 같이 보수적인 나라를 여행하면서 팔꿈치가 보이는 옷이나 반바지를 입으면 단정치 못한 것으로 간주되어 원치 않는 주목을 받을 수 있다.

| 솔로여행자에게 내가 줄 수 있는 최고의 충고는 보수적인 옷을 입으라는 것이다. 해당 여행지에서 적절한 것으로 여겨지는 옷

차림을 확실하게 파악하고 먼저 그곳을 다녀온 선배들의 충고에 따르자. 남성우월주의가 팽배한 지역에 가면 이글거리는 눈으로 음흉하게 때로는 경멸적으로 당신을 바라보는 남자들의 시선을 느끼게 될 것이다. 그들의 기준에서 볼 때 자극적인 옷차림을 하지 않는 것이 편안하고 또 안전하다.

★ **생생 팁!** 남자들의 원치 않는 접근을 막으려면 결혼 반지를 끼는 것도 좋은 방법이다. 필요하다면 가짜 반지를 끼자. 가짜 '남편'의 사진도 몸에 지니자. 남편이 여행에 동행하지 않은 이유를 술술 말할 수 있도록 가짜 이야기도 지어놓자.

● 태도

자신감 있는 태도는 여행의 안전에 가장 중요한 요소로 작용한다. 당신이 자신감이 넘치는 자세로 꼿꼿하게 서서 가방을 꽉 붙잡고 있으면 도둑은 당신을 그냥 지나치게 된다. 그렇지 않으면 도둑이 당신의 가방을 찢고 말 것이다. 만약 당신에게 자신감이 부족하다면 호신술을 배우는 것도 좋은 방법이다. 자신감이 생겨 주변 상황을 민첩하게 파악하고 소지품도 잘 챙길 수 있게 된다.

경박스럽게 보이는 것을 좋아하는 사람은 없겠지만, 미소 띤 얼굴로 허리를 반듯이 펴고 반듯이 서있으면 자신감이 생길 것이다. 미소는 여행에 큰 도움을 주어 하루하루를 즐겁게 만들어준다. 늘 미소를 짓고 있으면 사람들이 긍정적으로 반응하기 때문이다. 웃는 얼굴에 침 못 뱉는다는 말을 기억하자.

| 인도에서 6개월 동안 차 공부를 하면서 지내는 동안 에이미는 자신이 어떤 태도를 가져야 하는지 깨닫게 되었다. "나는 여기 저기 돌아다니는 대신 내가 하는 일에 몰두하여 마침내 전문가가 되었습니다. 언제나 내 직감을 믿었습니다."

- 여성으로서 한 마디
  우리 여성들은 선과 악 양쪽을 본능적으로 아는 육감을 부여 받은 행운을 누리고 있다. 이 직감에 마음의 귀를 기울이는 것은 안전한 여행에 결정적인 역할을 한다. 바로 이 직감을 믿고 기차에서 만난 남성의 저녁 초대를 받아들이기도 하고 브라질 열대 우림으로 이틀 일정의 여행을 떠나자는 동료의 요청을 거절하게도 되는 것이다.
| 이 책을 쓰기 위해 나는 수많은 여성들을 인터뷰했다. 수개월 넘게 솔로여행에 나섰던 이들 중에는 여행 중에 긴장이 풀어져 무책임한 일을 했노라고 시인하는 여성들도 있었다. 처음부터 무엇인가 잘못된 것 같다는 생각이 들었노라고 그들은 이구동성으로 말했다. 왠지 믿음이 가지 않는 기사가 운전하는 택시를 탄 사람도 있었고, 마음에 들지 않는 인물인데도 그의 요청을 받아들여 이집트 피라미드 속에 단 둘이 함께 들어간 여성도 있었다. 공항에서 만나 차편을 제공하겠다는 제안을 받아들인 한 여성은 그 남자의 아파트까지 가게 되었다. 칼로 위협까지 받은 후에 그녀는 겨우 탈출할 수 있었다.
| 정신을 똑바로 차리고 무언가 잘못된 것 같다는 느낌이 실낱같

이만 들더라도 "노"라고 말할 수 있다면 이런 상황들은 피할 수 있다. 우리 여성들은 남의 감정을 거스르는 것을 몹시 두려워한다. 두려움을 극복하고 우리를 괴롭히는 사람들에게 단호하게 "노"라고 말하면 잘못된 상황에서 즉시 벗어나게 된다.

| 왠지 잘못되었다고 느껴진다면 실제로 잘못된 것이다. 스스로의 직감을 믿는 것이 중요하다. 어쩌면 일생에 꼭 한 번밖에 오지 않을 것 같은 기회를 거절하게 될지라도. 시간이 지나면 집이든 여행지든 어디에 있든, 자신의 본능이 제대로 작동하는 때와 자기도 모르게 어리석게 집착하게 되는 때를 알게 될 것이다. 스스로를 믿는 법을 배우자. 그러면 느낌이 자연스럽게 올 것이다.

| 그런데, 여행 중에는, 일생에 꼭 한 번밖에 오지 않을 것 같은 기회가 날마다 일어나게 마련이다!

- 호텔에서의 안전

호텔에 있는 것이 제일 안전하다고 생각하는 사람들이 많지만, 잘못된 안도감으로 경계를 늦추면 안 된다. 방심하지 않고 어떤 상황이 일어날 때 직감을 믿고 행동하면 문제가 일어나지 않는다.

| 호텔을 예약하면서 그 지역이 안전한지 호텔 직원에게 물어보자. 혼자 여행 중이라는 것을 설명하면 정직한 답변을 듣게 될 확률이 높다.

| 체크인할 때 사람들로 붐비는 로비에서 프런트 직원이 객실 번

호를 큰소리로 알려주면 방을 바꾸어줄 것을 요청하고 번호를 써달라고 하는 것이 안전하다. 당신이 솔로여행자임이 가장 쉽게 드러나는 장소가 호텔 로비이다. 사람들에게 객실 번호가 알려지지 않도록 주의하자.

엘리베이터나 계단에 가까운 방은 시끄럽지만 층의 끝쪽이나 건물 날개 쪽보다 안전하다. 객실 손님들과 오가는 사람들이 많은 곳일수록 필요한 때 쉽게 도움을 요청할 수 있다.

객실에 들어섰는데 어딘가 불편한 느낌이 들면 주저하지 말고 다른 방을 요구하자. 옆방에 기분 나쁜 사람이 있거나 자물쇠가 제대로 작동하지 않거나, 또는 깨끗하지 않을 수도 있다. 돈을 내고 사는 것이니 최대한 마음에 드는 방을 주문하자.

일단 방에 들어서면 문을 잠그는 습관을 들이자. 룸서비스를 주문했거나 다리미나 새 리모컨 등 비품을 요청한 때가 아니라면 문을 절대로 열어주지 않아야 한다. 문을 열 때는 내다보는 구멍을 통해 호텔 직원임을 반드시 확인한 후에 열어준다. 올 사람이 없는데 누군가가 방문을 두드리면 프런트에 전화하여 호텔 직원인지 확인하는 것이 안전하다.

문 손잡이 자물쇠 외에 다른 잠금장치가 없는 때는 가구로 문을 막는다. 방문이 열리지 않을 정도로 무겁지는 않더라도 누군가 들어오려고 시도할 경우 대처할 수 있는 시간을 벌 수 있다. 중앙아메리카 여행 때 나는 호텔 방문을 의자로 막고 침대 옆에 소리가 크게 나는 알람을 꺼내 놓았다. 열쇠고리 타입의 알람은 수류탄같이 핀을 당기면 작동하게 되어 있었다. 의자가 움직이면 누군가 방으로 들어오려 한다는 신호이므로 즉시 알람을 작동시켜 사람들에게 위험한 상황임을 알릴 수 있는 것이다.
- 구식 호텔의 열쇠는 분실을 막기 위해 커다란 고리에 달려있는 경우가 대부분이다. 열쇠고리에는 호텔 이름과 객실 번호가 적혀 있기 때문에 만약 열쇠를 분실하면 열쇠를 주운 사람이 손쉽게 객실에 침입할 수 있다. 이같은 상황을 피하기 위해 고리에서 열쇠를 빼서 안전한 장소에 보관하자.
- 방을 비울 때도 입실금지를 알리는 "Don't Disturb" 패찰을 문에 걸어놓는 것이 좋다. 외출할 때 TV나 라디오를 켜놓으면 누군가 방에 있다는 표시가 되므로 도둑을 방지할 수 있다. 또한 청소를 요청하는 "Please Clean" 패찰을 걸지 말자. 방이 비었다는 신호가 되니까.

★ **생생 팁!** 문을 고정시키는 도어스톱을 가져가면 유용하다. 문에 체인록이 없을 때 아래쪽에 도어스톱을 밀어 넣으면 침입자가 열쇠로 열고 들어오는 것을 막을 수 있다.

- 10년 전보다 많이 줄어들기는 했지만 부패한 경찰들이 뇌물을 노리고 불법 마약류를 객실에 숨겨놓았다고 관광객을 협박하는 수가 있다. 이런 일은 인도, 동남아시아와 러시아 등지에서 자주 일어난다.
- 만약 현지에서 이런 사건에 대해 들었다면 비슷한 문제가 당신에게도 발생할 수 있으니 조처를 취하는 것이 안전하다. 방을 나올 때는 문과 문틀에 테이프 조각을 붙이거나 문틈에 종이를

끼워둔다. 다시 돌아왔을 때 테이프나 종이가 없다면 누군가 방에 들어왔었다는 것을 알 수 있다. 당신이 방을 비운 사이에 누군가가 침입했다는 확신이 들면 즉시 담당자에게 전화하여 도움을 요청하자.

- 교통

대중교통을 이용하면 피곤해지기 쉽다. 낯선 사람들과 새로운 풍광, 소리와 냄새로 오감이 과하게 자극을 받아 긴장을 풀고 싶은 유혹을 느끼게 된다. 그러나 사람들 속에 있으면서 주의가 산란해지는 때야말로 방심은 절대 금물이다.

| 첫 멕시코 여행에서 일어난 일이었다. 수도 멕시코시티에서 몹시 붐비는 지하철을 타고 호텔로 가던 중이었다. 내 주위를 둘러싼 남자들이 내 몸을 손으로 더듬고 몸을 비벼댔다. 여행을 준비하면서 스페인어 몇 마디를 미리 익혀 두었던 나는 남자들은 물론 다른 승객들까지 들을 수 있을 만큼 큰소리로 외쳤다. "바스타 펜대호!"(그만 두지 못해? 이 멍청이들!) 그 상황에서 여자가 소리를 지를 거라고 생각하지 못했는지 남자들이 당황해 하며 즉시 내게서 떨어졌다. 나는 붐비는 객차 안에서 여유있게 서서 갈 수 있었다.

| 복잡한 버스나 기차 한가운데 갇히기 전에 '탈출전략'을 세워 놓자. 현지어로 소리를 질러 남자들이 손으로 더듬지 못하게 하거나 다음 정거장에서 얼른 내리는 것도 좋은 전략이다. 무엇을 하든 주저하지 말고 단호하게 행동하자.

우리는 남에게 잘 대해야 한다고 배웠기 때문에 이런 때 약간의 조정과 결단력이 필요하다. 위의 사례에서 보듯 다른 사람들이 들을 수 있게 큰소리를 지르는 것만으로도 당신을 괴롭히는 사람들에게 겁을 줄 수 있다.

대중교통을 이용할 때는 짐을 잘 휘어지는 자전거 와이어 록과 자물쇠를 이용하여 좌석같이 고정된 곳에 묶어놓는 것이 안전하다. 긴 여정에 낮잠을 자더라도 와이어 록은 당신의 짐을 안전하게 지켜줄 것이다. 와이어 매쉬로 만든 덮개로 가방을 씌워놓으면 내용물을 훔쳐갈 수 없다. 여기에는 자물쇠도 포함되어 있다.

버스나 기차에서 잠을 잘 생각이라면 가방의 지퍼를 채우고 다시 자물쇠로 잠그거나 양쪽 지퍼를 열쇠 고리로 묶어놓자. 손쉬운 먹이를 노리는 좀도둑을 막는 방어책으로 간단하면서도 효과적인 방법이다.

메리의 이야기

| 이탈리아 아시시에서 곤경에 빠진 적이 있었습니다. 프란체스코 성자를 기리는 순례자들이 많은 곳이어서 안전하리라고 생각했기에 더욱 당황했습니다.

| 아침 일찍 호텔에 도착했는데 프런트에 할아버지와 손녀 둘이 있었습니다. 낮에 관광하러 호텔을 나오면서 나는 방 열쇠를 프런트에 맡겼어요. 고리가 커다란 구식 열쇠여서 들고 다니기에 불편했거든요.

| 저녁에 호텔에 돌아오니 프런트에는 스물 몇 살쯤 되어 보이는 청년이 앉아 있었습니다. 포도주를 마시던 청년은 기다렸다는 듯이 내게 포도주를 권했어요. 영어가 유창했습니다. 나는 방 열쇠를 달라고 했지요. 청년은 열쇠를 내주지 않고 대신 내 방으로 함께 올라가자고 했습니다. 나는 위험을 눈치채고 정신을 바싹 차렸습니다. 아무렇지도 않은 듯 그에게 계속 말을 걸면서 포도주를 마시고는 한 잔 더 달라고 했어요. 그가 포도주를 가지러 주방으로 간 사이에 나는 얼른 내 방 열쇠를 찾아 쥐고 계단을 올라왔습니다.

| 방안에 들어와 나는 안에서 열쇠를 꽂아놓고 의자를 가져다 문을 막았습니다. 청년이 밖에서 열쇠로 문을 열고 방안에 들어오면 큰일이니까요.

| 남자의 목소리가 복도에서 들리자 나는 무서워서 죽을 것 같았습니다. 휴대폰도 없었지만 나는 누군가와 통화하는 척하기로 했습니다. 현지에 친구가 있다는 것을 남자에게 알리려는 거였어요. 내가 겁을 먹었다는 사실을 그에게 들키면 안 되겠기에 나는 그에게 내일 다시 만나자고 문을 사이에 두고 큰소리로 말했습니다. 그리고는 그날 한 일에 대해서 거짓 통화를 계속했어요. 마침내 그는 포기하고 아래층으로 내려갔습니다. 다음날 나는 아침 일찍 짐을 싸서 호텔을 나왔습니다.

| 무섭기는 했지만 침착하게 행동했기 때문에 위험에서 빠져나올 수 있었습니다. 그렇지 않았다면 봉변을 당할 뻔했지요. 지금 생각해도 아찔한 순간이었습니다.

★ **생생 팁!** 자동차로 여행할 때 트렁크에 넣은 짐을 와이어 록으로 잠그면 가방이 열리는 것을 방지할 수 있다.

● 보행

비교적 안전한 여행지에서 저녁에 외출할 때는 다른 여행자들과 동행하거나 사람들이 많은 곳을 택하는 것이 안전하다. 충분한 현금을 지니고 가야 언제라도 필요하면 택시를 잡아탈 수 있다. 거리에서 택시를 금방 탈 수 없으면 식당이나 상점에 들어가 도움을 청하자.

거리를 걸을 때는 사람들 속으로 들어가 함께 걷는 것이 안전하다. 인도와 도로를 살피며 따라오는 사람이 있는지 경계를 늦추지 않는다. 기분 나쁜 인물이 다가오는 것 같으면 길을 건너자.

★ 생생 팁! 목적지에 도착하는 대로 호신용으로 최루 가스나 후추 스프레이를 살 것.

위협을 느끼면 주먹 쥔 손가락 사이에 열쇠를 무기로 끼고 자신을 방어할 준비를 하자. 남성들만큼 공격적이지 못한 우리 여성들은 육체적 또는 감정적으로 우리 자신의 안전을 위해 다른 사람을 다칠 수도 있다고 각오해야 한다.

쉐리는 프랑스 니스에서 거리를 걷던 중에 위험한 처지에 빠지게 되었다. 술 취한 남자가 반대쪽에서 다가와서 알아들을 수 없는 프랑스말로 위협하듯 소리를 쳤던 것이다. 남자는 계속 위협했지만 쉐리는 겁먹지 않았다. "나는 주먹을 쥔 채 남자를 향해 꺼지라고 소리쳤습니다. 그것만으로도 남자를 쫓기에 충분했답니다." 그런 상황에서 그녀는 어떻게 안전할 수 있었을까? 술주정뱅이가 수줍은 여학생 타입의 쉐리에게 겁을 먹고 도망갔다는 것이 믿기지 않았다. 그녀가 스스로를 지킬 수 있었던 방법은 자신감이었다. "나는 자신있게 말하고 자신있게 걸었습니다."

음악을 열정적으로 사랑하는 스잔은 음악을 찾아 자주 여행을 떠나는 편이다. 음악 현장을 찾아다니다 보면 때로 왠지 탐탁지 않은 지역에 들어가게 된다. 그녀는 충고했다. "놀란 것 같이 보여서는 안 됩니다. 위협적으로 보이는 사람과 마주쳤을 때 당황하거나 겁에 질린 것처럼 보이는 순간 당신은 이미 진 것입니다. 그는 당신을 잠재적인 희생물로 인식하게 되고 그럴수록 당신은 목을 졸리게 될 가능성이 높습니다. 그런 인상을 주지 않도록 그들이 무어라 말을 해도 대꾸하지 말고 그저 당당하게 걸어가세요."

| 제일 좋은 방법은 위험한 지역에 가지 않는 것이다. 문제의 소지를 아예 만들지 않는 것이다. 만약 꼭 가야만 한다면 택시를 타거나 동행을 만들어 함께 가도록 하자.

| 침착한 태도를 유지하고 자신감을 내보이는 것이 가장 중요하다. 호신술을 배우고 스스로를 보호하는 것을 두려워하지 말자. 당신에게 힘이 있다는 것을 조금만 보여주어도 좀도둑이나 부랑자를 물리칠 수 있다.

● 도난

— **짐과 가방** 여행 중에 짐을 잃으면 비참해질 수밖에 없는데, 최악의 경우에는 여행을 중지해야 할 지경까지 이른다. 새로 장만한 디지털 카메라나 아이팟같이 아끼고 좋아하는 것들을 생각하면 애가 탈 것이다. 눈 깜박하는 동안 짐에서 눈을 뗐다가, 아니면 믿을 만하다고 생각한 포터에게 짐을 맡겼다가 도둑을 맞는

다면 정말이지 가슴이 쓰릴 것이다. 내 경우 최악의 분실물은 호텔에 깜빡 잊고 놔두고 온 10달러짜리 여행자용 알람 시계였다. 이제껏 내게 심각한 분실이나 도난 사고가 일어나지 않았던 것은 단지 운이 좋아서가 아니다. 나는 언제나 정신을 바짝 차리고 내 짐과 가방을 챙겼고 자물쇠를 채워놓았다.

| 호텔에서는 귀중품을 가방에 넣은 다음 침대 같이 고정된 가구에 가방을 자물쇠로 채워놓는 것이 안전하다. 어쩌면 지나치게 조심한다고 생각할 수 있지만 비디오 카메라나 보석 또는 여권을 잃어버린 경험이 있는 사람이라면 고개를 끄덕일 것이다. 대부분의 호텔 직원은 믿을 만하지만 개중에는 손님 방의 열쇠를 손에 쥐고 나쁜 일을 꾸미는 이도 있을 수 있다. 어쨌든 안전이 제일이다.

| 기차 같은 공공장소에서 잠을 잘 생각이라면 짐과 가방을 쉽게 열거나 가져가지 못하도록 단속하고 여러 번 확인하자. 소형 배낭은 허리 벨트로 묶어놓으면 재빨리 잡아챌 수 없다.

| 회사 업무상 장기간 영국에 파견되었던 마리크리스는 한 달에 한 번 여행에 나서 유럽 전역을 돌아다녔다. 그녀는 배낭이 불편했다. "가방을 어깨에 엑스자로 메고 손으로 잡는 것이 훨씬 더 안전하게 느껴지더군요." 메신저 타입의 대형 가방을 엑스자로 메면 내용물을 빼내기도 어렵고 가방 채로 낚아챌 수도 없어 도둑이 쉽사리 접근하지 못한다.

| 식당이나 카페, 특히 야외에 있는 경우 가방을 바닥에 놓지 말자. 쉽게 잊어버릴 염려가 있다. 대신 가방을 어깨에 엑스자로

메서 몸에서 떨어지지 않게 하자. 자신의 다리나 의자 다리에 가방 끈을 묶어도 좋다. 식탁에 앉아있을 때는 지갑, 잔돈 지갑, 선글라스, 그외 소형 비품을 가방이나 주머니에 넣는 것이 안전하다. 자리에 앉아 있는 동안 쉽게 잊어버리거나 도둑맞을 수 있다. 식당에 들어가면 물건을 식탁 위에 놓아둔 채 멍하니 앉아있는 경우가 대부분이기 때문이다.

— 돈 허리에 차는 전대나 목에 거는 파우치에 여권과 신용카드, 현금을 보관하면 안전할 뿐만 아니라 몸 가까이에 있어 늘 확인할 수 있다. 나는 금방 꺼내지 않아도 되는 것들은 전대에 넣고 카메라 같이 부피가 큰 물건과 당일 쓸 돈은 배낭이나 메신저 가방에 넣는다. 전대는 눈에 뜨이기는 하지만 지갑이나 소형가방보다 안전하다.

★ 오토바이 맨

사이공에서 일어난 일이었다. 나는 베트남 친구인 킴이 모는 오토바이 뒷좌석에 앉아 있었다. 어느 순간 대형 오토바이를 탄 남자가 나타나 나를 향해 자신의 성기를 꺼내 보였다. 남자는 우리 옆에 계속 따라 붙어 여러 번 그 짓을 반복했다. 거리가 복잡해서 아무도 이 황당한 사건을 눈치채지 못했다. 당황한 내가 지금 무슨 일이 일어나고 있는지 미친 듯이 설명하는 동안 킴은 도로에 눈을 고정하고 있었다.

베트남어로 성기가 무언지 몰라 나는 킴에게 노출증 환자가 우리를 쫓아오고 있다고 설명할 수 없었다. 나는 미친 사람처럼 손짓과 몸짓을 동원했지만 그녀는 전혀 알아듣지 못했다. 남자가 제발 떠나가 주기를 바라면서 나는 그를 향해 소리를 지르기 시작했다. 사람들의 시선이 일제히 우리 쪽으로 향하자 그는 마침내 떠나갔다. 지금 돌이켜 생각하니, 그때 내가 남자보다 더한 제스처를 취했더라면 그를 더 일찍 쫓아버릴 수 있었을 것 같다.

- 서류

떠나기 전에 중요한 서류를 모두 복사하여 가방 속에 간수하고 집에도 보관하자. 또한 서류를 스캔해서 자신의 이메일로 전송해 놓는다. 이들 서류에는 여권, 비자, 항공권 또는 E-티켓, 호텔 예약확인서, 버스표와 기차표, 여행자수표, 비상연락처 그리고 은행과 신용카드사의 전화번호가 포함된다. 만약 서류가 들어있는 가방을 도난당하면 가족이나 친구의 도움으로 집에 보관한 서류를 이용하거나 이메일 계정에 접속하여 찾으면 된다. 더 자세한 설명은 제8장 〈각종 형식과 절차 챙기기〉를 참고할 것.

- 경찰과 공무원

해외여행 중에 경찰이 개입해야 하는 문제에 부딪치게 되면 대부분 언어가 서툴러 즉석에서 문제를 적절하게 설명하기 어려울 것이다. 문제를 잘 설명하지 못하면 경찰에서 사건을 무시할 수 있다. 이런 때는 돈과 시간이 들어도 대사관을 통해 통역관을 고용하는 것이 유리하다. 예를 들어 신용카드사는 보상을 해야 할 경우 자사의 분실-보호 정책에 따라 경찰의 조서를 요구한다.

- 만약에 공무원이 부패한 것으로 악명 높은 지역을 여행 중이라면 특별한 주의를 기울여 이들을 피해야 한다. 드물기는 하지만 경찰, 군인, 공무원 또는 이들을 사칭하는 사람들이 일반 시민보다 더 부패한 경우도 있다. 안내서와 온라인 포럼을 통해 이 같은 지역이 어디인지 알아보자.
- 브라질과 멕시코에서는 경찰 검문소를 심심치 않게 발견할 수 있다. 정치 상황에 따라 네팔, 인도, 태국에도 검문소가 설치되는 지역이 있다. 검문소가 많은 지역을 대중교통으로 여행할 때는 무조건 몸을 낮추고 눈에 띄지 않게 행동하는 것이 상책이다. 자신의 차량으로 여행할 때, 경찰 마크가 없는 차량이 갓길에 차를 세우라고 지시할 경우 따르지 않는 것이 안전하다. 의심이 간다면 북미에서는 사람이 많은 곳까지 가서 911에 전화하거나 차를 세우자. 기타 지역에서는 주변에 사람들이 많이 있어서 자신의 안전을 확보할 수 있는 곳에서만 차를 세워야 한다. 경찰과 문제가 생기면 즉시 자국의 대사관에 전화할 것을 요청하고 당국의 조언을 구한다.
- 만약 범죄를 당하면 여행안내서에 나와 있는 가장 가까운 자국 대사관이나 영사관에 즉시 알려야 한다. 필요한 경우 당국에서 여권 재발급, 비상연락, 병원 치료 주선, 변호사 선임 등의 적절한 조처를 취할 것이다.

★ 현지 경찰 다루기

중앙아메리카를 혼자서 오토바이로 여행하던 때, 멕시코 경찰들은 시도 때도 없이 나를 멈추어 세워 이것저것 꼬치꼬치 물었다. 그들은 자기네 나라에서 BMW F650을 타는 사람이 대체 누구인지 궁금했던 것이다. 반면에 파나마 경찰은 매력적이었다. 영어를 완벽하게 구사할 뿐만 아니라 내 오토바이에만 관심을 보였다.

경찰과 대면할 때면 나는 언제나 스페인어로 말했다. 인근의 큰 도시 이름을 대면서 남편과 함께 그곳에서 스페인어를 배우는데 이 나라를 진정으로 사랑한다고 엉터리 스페인어로 더듬더듬 말하곤 했다. 나는 그들 경찰에게서 위협이나 거부감을 거의 느끼지 못했다. 내가 왜 이상한 옷차림으로 오토바이를 타고 다니는지 그럴 듯하게 지어낸 이야기를 들려주면 그들은 으레 고개를 끄덕이며 별다른 문제 없이 나를 보내주곤 했다. 때로 현지 경찰에게 의례적인 말을 하고 유난스럽게 싹싹하게 대하는 것도 나쁠 것 없다.

14
사람들을 쉽게 사귀는 법

여행에서 가장 재미있고 짜릿한 것 중의 하나는 지구 곳곳에서 온 사람들을 만나는 것이다. 같은 목적지를 찾아가는 길에서 만난 여행자들이든 여행지에서 만난 현지인들이든, 이들 새로운 친구들이 있어 당신의 여행은 더욱 잊을 수 없는 추억이 된다. 여행지에서의 만남은 대부분 자연스럽게 이루어지지만, 때로는 의식적인 노력이 필요할 때도 있다. 이 장에서는 사람들과 쉽게 사귀는 방법을 몇 가지 소개한다.

- **현지인 사귀기**

 여행 중에 만나는 사람들은 모두 새로운 친구가 될 가능성이 있다. 당신이 혼자 여행하고 있다는 사실을 알게 되면 우선 호텔 직원들의 태도가 보다 친절해질 것이다. 카페의 바리스타나 종업원들도 새로운 손님과 이야기하는 것을 좋아한다. 자주 가는 식당에서 주방장의 솜씨를 칭찬하면 어쩌면 주방까지 들어가 볼 수 있을 것이다. 한 곳에 오래 머물 경우, 현지인들과 친하게 지내면 그 지역의 건달들 때문에 골치 아픈 일이 생기는 것도 막을 수 있다.

 여행 가이드로 9년 동안 70여 국가를 여행한 배티 앤은 사람들과 사귀는 방법을 빨리 터득했다. "택시 기사나 호텔 직원들에게 그들이 자주 가고 좋아하는 식당이 어디인지 물어봅니다. 현지 가이드에게도 같은 질문을 하지요. '제일 좋아하는 식당이 어디에요?' 라고 질문하는 것으로 사람들의 마음을 열 수 있거든요. 내가 그저 여행안내서에서 추천하는 곳을 찾아가는 것이 아니라 자기네들의 생활과 문화에 관심을 갖고 또 배우고 싶어한다는 것을 느끼게 되니까요."

— **단골** 한 곳에 며칠 이상 머물 경우 자주 다니는 커피숍이나 식당을 정해놓으면 현지인들을 쉽게 사귈 수 있다. 다정하고 싹싹한 태도로 이것저것 질문하면 사람들의 관심을 끌기 쉽다.

 사이공에서 영어 강사로 두 달 지내는 동안 나는 날마다 작은 카페에 들러 망고쉐이크를 마셨다. 달콤하고 신선한 과일 음료도 좋았지만 카페의 두 여주인과 금방 친구가 될 수 있어 더욱 즐거웠다. 게다가 돈도 절약되었다.

— **질문** 비영어권 국가에서도 영어를 하는 현지인을 생각보다 쉽게 만날 수 있다. 아주 오지를 제외하고는 어디든 영어를 할 줄 아는 사람이 하나는 있게 마련이다. 만약 말이 전혀 통하지 않을 때는 현지어 기본회화집을 활짝 펼쳐놓고 큰소리로 질문하자. 우선 호텔 프런트 직원, 식당 종업원 그리고 택시 기사부터 시작하자. 그러면 그들은 마치 당신의 질문을 기다리고 있었던 것처럼 이야기보따리를 풀어놓을 것이다.

— **자원봉사** 한 곳에서 며칠 이상 머물 경우 자원봉사 프로그램에 참가하면 많은 사람들을 쉽게 만날 수 있다. 목적지에 도착하면 병원이나 고아원, 또는 학교에서 봉사활동을 시작하자. 의료, 교육 또는 요리 등 특별한 기술이 있을 경우 더욱 적절한 시설에서 활동할 수 있다. 돈도 절약하고 사람들도 많이 사귀고 싶다면 자신이 묵고 있는 호텔이나 게스트하우스, 가까운 카페에서 '자발적으로' 일을 하자. 숙소와 식사 정도는 무료로 제공될 것이다. 자원봉사에 대한 정보는 제2장 〈목적이 분명한 여행이 더 즐겁다〉를 참고하자.

★ 현지인은 구세주

내 경험으로 보아 마음을 굳게 다지고 여행을 떠나면 더욱 강렬한 체험을 하게 된다. 또 멋진 현지인들도 많이 만날 수 있다. 미국 남서부의 뉴멕시코 주를 거쳐 중앙아메리카로 오토바이 여행을 떠났던 때도 나는 마음을 단단하게 먹었다. 길이 몹시 엉망이었는데 오토바이가 자꾸 균형을 잃었다. 나는 몰랐지만 그때 이미 타이어가 못에 찔려 펑크가 나 있었다. 길은 황량하고 심하게 구불거리는데 한쪽은 산으로 막혀 있고 반대쪽은 강독을 깎아지른 듯한 낭떠러지였다. 오토바이를 살펴보고 싶어도 차를 댈 만한 갓길이 없어 길을 재촉하는 수밖에 없었다. 20킬로미터쯤 가니 갈림길에 외따로 있는 부동산 사무실이 나왔다. 나는 그곳에 오토바이를 멈추고 도움을 청했다.

그곳 직원들 덕분에 나는 살 길을 찾았다. 그들은 50킬로나 떨어진 곳에 있는, 가장 가까운 보트 수리공에게 전화했다. 토요일 늦은 오후여서 대부분의 가게가 문을 닫았는데 수리공은 새 타이어 튜브를 한 시간 거리에 있는 도시에 주문하고는 자신의 동생을 보내 튜브를 가져왔다. 나는 그에게서 차를 빌려 유스호스텔로 겨우 돌아갈 수 있었다. 다음날 아침에 오토바이를 찾으러 갔는데 그가 청구한 것은 겨우 100달러였다.

바람 빠진 타이어 때문에 오토바이가 쓰러졌다면 여행은 그것으로 끝나버렸을 것이다. 멕시코 국경을 넘기 바로 전에 일어난 이 '재해' 때문에 나는 여행을 포기해야 할 처지에 놓여 있었다. 그러나 그곳에서 처음 만난 사람들의 관대함과 배려 덕분에 나는 한층 기운차게 여행을 계속할 수 있었다. 나는 어떤 문제도 극복할 수 있다는 것과 여행 내내 나를 도와주는 사람들을 만나게 되리라는 것을 확신했다. 여러 해에 걸쳐 내가 깨달은 것은 여행 중 위급한 때면 언제나 누군가가 나를 구원해준다는 것이다. 다른 여행자든 현지인이든. 여행 중 두려운 마음이 들 때면 나는 이 사실을 스스로에게 상기시킨다.

● 다른 여행자들 사귀기

대부분의 여행자들이 자주 찾아가는 곳이 얼추 정해져 있어서 어디 가면 그들을 만날 수 있을지 쉽게 예측할 수 있다. 얼른 떠오르는 곳이 유스호스텔, 인터넷 카페, 커피숍, 찻집, 그리고 호텔 로비 등이다. 여행안내서나 웹사이트에도 다른 여행자들을 쉽게 만날 수 있는 장소가 나와 있다. 인터넷은 최신 정보를 담고 있으며, 론리 플래닛 안내서는 단연코 가장 다양한 정보를 방라하고 있다.

다른 여행자들이 많이 가는 식당을 찾아가면 친구를 쉽게 사귈 수 있다. 현지 여행사의 당일 투어에 나서면 일단의 관광객들과 합류하게 되는데, 이들 중에서 혼자 다니는 사람을 심심치 않게 만날 수 있다.

고급 호텔에는 보통 식당과 바가 있어서 휴식을 취하면서 책도 읽고 음료수를 마시거나 간단한 식사를 하게 되어 있다. 호텔 고객 대부분이 단기 체류여서 오래 앉아 있는 투숙객은 드물지만, 간혹 손님으로 들른 여행자들을 만날 수 있다. 어쩌면 여행 중에 임시로 호텔에서 일하는 사람들도 만날 수 있을 것이다. 나는 세계 곳곳에 있는 호텔 카페에서 글을 쓰거나 사람들과 수 다를 떨며 오후를 보내곤 했다.
- 만약 스스로 자신을 소개하고 나설 숫기가 없다면 그때그때의 이슈나 그 지역에서 볼 만한 것이 무엇인지 질문하는 것으로 말을 걸어보자.
- 프랑스를 여행하던 중 메리는 바로 옆 테이블에 앉은 사람들이 나누는 대화를 우연히 듣게 되었다. 영어가 들리자 그녀는 수선스럽지 않게 대화에 끼어들었다. 사람들은 영어로 말하는 메리를 몹시 반겼다. 이런 식으로 그녀는 많은 사람들을 새로운 친구로 사귈 수 있었다.
- 당신이 혼자 다닌다는 이유만으로 당신에게 말을 거는 사람들도 있다. 스잔은 이혼 직후 미국 시골 여행에 나섰다가 많은 사람들을 만났다. "저는 호기심의 대상이었습니다. 사람들은 혼자 다니는 나를 서로 데려가려고 했어요. 산에 오르면서 부부도 여러 쌍 만나고 가족끼리 온 사람들도 만났는데 그들은 자기네 야영지로 나를 초대해서 맛있는 저녁을 내기도 했답니다."

스잔의 이야기

제게 있어 진정한 여행은 음악에 몰두하게 되면서부터 시작되었습니다. 미국의 민속음악, 특히 남부의 컨트리 뮤직인 블루그래스Bluegrass에 매료되어 음악을 찾아 이곳저곳 여행을 떠나게 되었던 것입니다.

한 번은 국제 블루그래스 음악협회 세미나에 참석하기 위해 오웬스보로로 떠나게 되었는데 목적지에 대해서는 아무것도 아는 것이 없었습니다. 나는 우선 비행기로 켄터키 주의 루이스빌까지 가서 렌터카를 빌렸어요. 세미나 장소로 가는 길에 작은 마을을 여럿 지나쳤습니다. 마을에는 곳곳에 교회가 보였습니다. 그곳 음식은 내가 평상시에 먹는 것과 많이 달랐어요. 메기 튀김에 꼬치 핫도그, 아침에는 거친 오트밀이 나오더군요.

그곳 사람들은 이가 많이 빠져 있었고 옷차림도 나와 달랐습니다. 대부분 집 앞 현관에 놓인 녹슨 의자나 다 떨어진 소파, 또는 그네에 앉아 있었는데 그렇게 앉아 있는 것이 그들의 일상적인 오락이었습니다. 온 마을이 그러했어요.

오웬스보로에 도착하여 나는 현지 사람들을 많이 사귀게 되었습니다. 그들 또한 내가 지나왔던 마을에 살고 있는 사람들과 다르지 않았지요.

그후 몇 년 뒤에 나는 휴가차 루이스빌을 다시 찾게 되었습니다. 그곳에서 나는 많은 것을 보고 배웠습니다. 다른 사람들에 대해 이러쿵저러쿵 속단할 일이 아닙니다.

나는 길 가의 작은 집에 붙어 있는 '바이블 인형 박물관'이라는 간판을 보고 차를 세웠습니다. 나는 그곳이 무슨 박물관인지 짐작조차 할 수 없었는데, 거기에서 참으로 가슴 아픈 장면을 보게 되었습니다. 문을 두드리자 한 여인이 문을 열어주었어요. 그녀의 남편은 거실에 놓인 간이침대에서 인공호흡장치에 의지한 채 누워 있었습니다. 창고의 큰 방에는 성경에 나오는 장면과 인물들이 전시되어 있었습니다. 인형에게 입힌 옷들은 모두 그녀가 손수 지은 것으로 성경에 나오는 인물하고 똑같이 입힌 것이라 했습니다. 그것은 남편이 살아있음에 감사하며 신께 드리는 그녀의 기도였습니다. 그녀는 인형들을 마을 아이들에게 보여주었답니다. 인형들을 보려고 누가 찾아올 때마다 그녀는 감격한다고 했습니다. 자신의 작업이 인정받는 것에 감사하는 마음에서요. 나는 모든 선입견을 떨쳐버리게 되었습니다. 그리고 그곳을 방문하게 된 것에 진정으로 감사했습니다. 어쩐지 스스로가 바보 같이 느껴지며 감동으로 눈시울이 붉어졌습니다.

저는 여행 중에 저와 비슷한 관심사를 가져 함께 있으면 편안한 사람들을 찾는 경향이 있습니다. 길에서 만난 사람들과 이야기를 나누다 보면 많은 사람들을 소개받게 됩니다. 이런 식으로 열린 마음으로 사람들을 대하면 더 많은 친구들을 만나게 됩니다. 낯선 사람들과의 만남을 통해 나는 수많은 모험을 체험하고 주변의 것들을 열정적으로 사랑하는 법을 배웁니다. 그리하여 더 많은 사람들과 더 많은 일을 만나기 위해 저는 오늘도 길을 떠납니다.

- 로맨스

여행 중에 삶의 반려자를 만날 수도 있고 바람 같은 연애사건에 잠시 휘말릴 수도 있다. 어떤 경우든 여행 중의 로맨스를 우울하게 만드는 어색함과 문화적 실수를 피하려면 육체적으로 또 정서적으로 준비가 필요하다.

여행 중에 생긴 로맨스에 대해 책을 쓴 자네트 벨리보는 이렇게 권유한다. "집에서와 마찬가지로 여행지에서도 성가신 남자를 정중하게 거절하는 법, 그리고 관심이 가는 남자들과 예의 바르게 사귀는 법에 대해 생각해봐야 합니다."

그 나라의 문화를 잘 알지 못한다면 상대방의 말과 보디랭귀지가 갖는 뉘앙스를 파악하기 어려울 것이다. 만약 방문국의 현지인과 사랑에 빠진다면 그곳 사람들의 태도를 잘 관찰하여 적절하게 행동해야 한다. 이슬람 국가에서 상대방 가족에게 좋은 인상을 주고 싶다면 공공장소에서의 과도한 애정표현을 피해야 한다. 런던이라면 동성애자임을 공공연히 드러내도 괜찮지만 보고타에서는 절대로 삼가야 한다.

| 레즈비언 여행자인 안드레아는 익숙하지 않은 지역을 여행할 때면 성적 기호와 관련하여 더욱 조심스럽게 행동한다. "그곳에서 어느 정도까지 받아들이는지 알 수 없으니 더욱 주의하게 됩니다. 나는 여행지의 문화를 존중하고 그것에 맞추어 행동하려고 노력합니다."

| 아무리 사랑에 빠졌다고 해도 성행위를 할 때는 상대방에게 질병이 있는지 확인하고 반드시 보호조처를 취해야 한다. 성병과 에이즈는 비자나 여권이 없어도 전세계를 돌아다닐 수 있다. 관계가 지속적이든 잠깐이든 상관없이 반드시 보호 기구를 사용해야 한다. 콘돔을 준비하여 가지고 다니면 안전하다. 여행 중에 즉시 구할 수 없는 경우도 있고, 또 있다 하더라도 서구 수준에 못 미칠 수 있다. 햇볕이 뜨겁게 내리쬐는 사이공 거리에는 콘돔을 파는 자동판매기가 수십 대가 있었다. 나는 어쩌면 베트남에 또 다른 베이비붐 세대가 올지도 모른다고 생각한다. 그곳 콘돔의 품질은 그토록 의심스러웠다.

| 상대방에 대한 자신의 감정을 솔직하게 토로하는 것이 바람직하다. 관계를 지속할 것인지 아니면 다시 여행에 나설 것인가에 대해서도 이야기하자. 상대방은 어쩌면 경제적 여유가 없을 수

도 있고, 여행할 입장이 못 되거나 당신의 문화를 이해할 수 없을지도 모른다. 새로운 파트너의 인간성과 문화적 규범, 행동양식을 이해하면 당장의 슬픔을 피하는 데 도움이 될 것이다. 이를테면 상대방이 쉽게 사랑에 빠지는 타입인지 또는 자기 나라를 떠날 기회를 찾고 있는 것은 아닌지 파악해보자.

여행 중의 로맨스는 여행만큼 신나는 일이지만 함정 또한 존재한다. 에린은 이같은 로맨스의 장단점을 이렇게 정리했다. "외국인과 사랑에 빠지는 것은 참 짜릿했습니다. 우리는 빨리, 정말 빨리 가까워졌어요. 나는 그것을 영국에 가서 내가 정말로 사랑하는 사람과 3개월 동안 살 수 있는 기회로 생각했습니다. 그러나 양쪽 모두에게 기꺼이 희생하려는 마음이 없다면 이런 관계는 이루어지기 어렵습니다."

★ 자네트의 충고

여행을 떠나기에 앞서 사랑과 로맨스에 대해 알아야 할 것이 무엇일까? 다음의 것들을 한번 생각해 보자.

1. 여행지에서는 다른 여행자와 바람 같은 사랑에 빠지기 쉽다. 내가 아는 여성은 방콕에서 만난 프랑스인 사진작가와 로맨스를 즐겼다.

2. 외국인 연인은 일상생활에서 이국의 문화를 쉽게 체험하게 해준다. 카리브 해의 리조트 같이 수많은 관광객이 모여드는 곳에서 현지인 연인은 그곳을 진짜로 잘 알 수 있는, 어쩌면 가장 쉬운 방법일 수 있다.

3. 여성 여행자가 갖추어야 할 윤리와 에티켓은 자국에서 지켜야 하는 규칙

과 다를 바 없다. 행복한 결혼생활을 영위하는 기혼자라면 유혹을 피해야 한다. 상대방이 아무리 어리거나 가난하다 해도 대등한 인간으로 대해야 한다. 지나치게 자신을 낮추어서도 안 되고 순간의 불장난일 뿐이라며 상대에게 함부로 대해서도 안 된다. 놀랍게도 연애 사건에서 상처를 더 받는 편이 오히려 남성인 경우가 많다. 특히 오세아니아와 중동지역에서는 여성 여행자에게 마음을 빼앗기고 다시 만날 수 없음에 가슴 아파하는 남성들이 많이 있다.

4. 연인을 만나면 술 대신 커피나 차를 마시자. 취한 상태로는 남자의 마음을 제대로 읽을 수 없다. 위험하지는 않은지, 단순히 서로 즐기자는 것인지, 안테나를 바짝 세우고 있어야 한다.

15
여행 중에 연락 주고받기

여행 중, 특히 장기여행의 경우, 마음만 먹으면 언제라도 멀리 떨어진 가족과 친구들에게 연락할 수 있다는 것만으로도 때로 큰 위로를 받게 된다. 비록 실제로는 이메일이나 편지 한 통을 쓰지 않았더라도.

- 떠나기 전에

비상시 집에 있는 가족과 친구들에게 연락할 수 있는 방법을 강구해놓는 것은 대단히 중요하다. 집을 떠나기에 앞서 가족과 가까운 친구들에게 여행일정, 숙소 및 방문지 연락처, 그리고 여행 중에 사용할 이메일 주소를 알려주자.

| 특히 장기여행에서는 친구들의 전화에 제때 답하지 못해 걱정을 끼칠 수 있다. 이런 때 간단한 이메일로 이동 중이라고 알려주면 친구들의 염려를 덜 수 있다. 그러나 휴대폰이나 집 전화의 자동응답 메시지에 여행 중임을 암시하면 도둑에게 집이 비어 있다고 일러주는 것이니 주의해야 한다.

| 직장에서 쓰는 이메일 계정으로 들어온 메일에는 여행 중이라는 회답이 자동으로 발송되도록 설정해놓자. 모든 업무는 귀국할 때까지 연기해놓고, 문제가 생길 경우 대리인이 처리할 수 있도록 조처를 취해놓는다. 비상시에 연락이 되는 이메일 주소를 직장 동료에게 알려주자.

| 집과 애완동물을 돌봐주거나 청구서를 처리해줄 사람에게 이메일 주소를 일러주어 문제가 일어났을 때 곧바로 연락을 취할 수 있도록 조처하자.

- 이메일

이메일은 저렴하고 간편한 커뮤니케이션 방법이긴 하지만 여행 중에는 제한적으로 이용하는 것이 바람직하다. 전세계 어디에서나 쉽게 발견할 수 있는 인터넷 카페는 메일을 확인하려는 다른 여행자들과 교류할 수 있는 편리한 장소이기도 하다. 그렇지만 집에 있는 친구나 가족들과 자주 접촉하면 여행과 현지 문화에 집중하는 데 방해가 된다.

| 남편을 집에 남겨두고 혼자서 뉴질랜드를 한달 동안 여행했던 스테파니는 인터넷과 어느 정도 거리를 유지했다. "저는 이메일에 많은 시간을 들이지 않았습니다. 가족들에게는 1주일이나 열흘에 한 번씩 소식을 전하겠다고 했지요. 오랜만에 메일을 확인하면 정말 기분이 좋았습니다."

| 이메일도 좋지만 블로그를 만들어 자신의 근황을 가족과 친구들에게 알리는 방법도 생각해 보자. 그러면 그들이 편리한 시간에 블로그를 찾아와 여행기를 읽고 댓글을 올릴 수 있다. 블로그에 일기를 쓰듯 글과 사진을 올려놓으면 자신의 여행 경험을 실시간으로 다른 사람들과 나눌 수 있다. 세계적으로 많이 읽히는 블로그에 자신만의 무료 블로그를 개설하려면 트레블 블로그 www.travelblogs.com, 블로거www.blogger.com, 트레블팟www.travelpod.com 등을 이용하면 된다.

| 블로그는 쉽게 개설하고 유지할 수 있지만 여행 중에 배우려면 번거로우니 출발 전에 개설하는 것이 편리하다.

● 전화

— **휴대폰** 현재 쓰고 있는 휴대폰이 GSM(Global System for Mobile Communication) 방식이라면 국외에서도 사용할 수 있다. GSM 시스템은 목소리와 데이터를 전송하는 방식으로 200여 국가에

서 사용되고 있다. 해외에서 휴대폰으로 통화하려면 GSM 웹사이트www.gsmworld.com를 참고하여 여행국에서 GSM을 채용하고 있는지 확인한다. 통화요금이 엄청나게 비싸지 않은지 확인하자. 서비스 제공사에 따라 분당으로 지불할 수도 있다. 참고로 한국은 개인 이동통신 시스템으로 CDMA와 WCDMA를 사용하고 있다.

목적지에 도착하여 SIM 카드를 구입하는 방법도 있다. SIM 카드는 휴대전화 사용자의 개인 정보를 저장하고 있어서 휴대폰에 카드만 꽂으면 사용할 수 있다. 이 카드를 휴대폰에 장착하면 현지 네트워크에 연결된다. 카드 자체 대금에 더하여 정해진 분 단위 시간에 대한 대금을 지불해야 한다. 이것이 국내외에서 통화할 수 있는 가장 저렴한 방법인데 카드를 구할 수 없는 경우가 종종 있다.

출발하기 전이나 목적지에 도착하여 선불 휴대폰을 구입하는 것이 더 경제적이고 편리할 수도 있다. 모발www.mobal.com에서는 GSM 휴대폰을 50달러부터 판매하는데 통화료는 분 단위로 신용카드로 지불하게 되어있다. 월 기본료 없이 통화료만 부가된다. 요금이 전화카드보다 비싸지만 즉시 예약할 수 있어 편리하다. 모발에는 두 종류의 전화기가 있는데 북미에서 전화를 걸 때는 비싼 것을 사용해야 한다.

★ **생생 팁!** 휴대폰을 지참하고 여행할 때는 호텔 전화번호와 항공편 등 여행과 관련된 번호를 휴대폰에 저장하면 필요할 때 편리하게 이용할 수 있다.

— **전화카드** 전화기 대신 간편하게 쓸 수 있는 것으로 전화카드가 있다. 본국에서 외국으로 전화를 걸 수 있고 또한 외국에서 본국으로 통화할 수 있는 카드도 있다. 요금이 천차만별이므로 여러 군데 둘러보는 것이 유리하다. 코스트코Costco에서 미국에서 분당 3.5센트 부가하는 카드를 팔고 외국 또한 유리한 가격이다. 전화 서비스 제공업체도 또한 외국에서 사용할 수 있는 카드를 판매할 수 있다. 호텔 객실 전화도 전화카드를 이용할 수 있다. 필요한 경우 작은 식당에서도 주인이 친절하게도 허락하면 전화카드를 사용할 수 있다.

휴대폰 사용이 폭발적으로 증가함에 따라 공중전화를 찾기 어려운 시대가 되었다. 우체국, 휴게소, 주유소, 편의점에서는 거의 확실하게 공중전화를 발견할 수 있을 것이다.

— **스카이프** 내가 스카이프www.skype.com를 처음 사용했던 것은 혼자서 인도를 여행하던 때였다. 나는 집이 그리웠고 파트너인 존이 몹시 보고 싶었다. 나는 스카이프가 장착되어 있는 인터넷 카페로 들어갔다. 로그인만 했을 뿐인데, 세상에나, 존이 거기 있었다. 웹 카메라를 통해 나는 존과 통화할 수 있었다.

카페에는 사람들이 많아서 존과 진한 대화를 나누려니 남의 눈이 의식되었다. 다행히 우리는 스카이프로 서로를 보면서 메시지를 주고받을 수 있었다. 나는 포터블 카메라를 움직여 콜카타의 거리 풍경을 존에게 보여주기도 했다.

스카이프는 인터넷 음성통신으로 컴퓨터에 다운로드하기만 하면 된다. 상대방에게 계정이 있으면 무료로 이용할 수 있다. 일반 전화나 휴대폰도 스카이프를 통해 사용할 수 있다. 마이크와 헤드폰만 있으면 세계 반대쪽에 있는 사람과 대화를 나눌 수 있는데 웹카메라가 컴퓨터에 연결되어 있을 경우 상대방을 실시간으로 볼 수 있다.

— **문자** 문자는 휴대폰을 이용하여 상대방 휴대폰으로 간단한 메시지를 보내는 것으로 전세계적으로 널리 이용되고 있다. 전화 통화보다 훨씬 경제적이며 특히 시차가 크게 나는 경우 친구와 가족들에게 아주 빠르고 편하게 연락할 수 있다.

| 문자를 받을 때와 보낼 때의 요금을 확인하자. 가격 차이가 크게 나는 수가 있다.

— **객실 전화** 북미에서는 호텔에 따라 국내 통화가 무료인 곳이 대부분이다. 그렇지만 무료 번호로 건다 해도 통화당 1달러, 또는 그 이상을 내야 하는 호텔도 있다. 북미 외 지역에서는 통화당 요금을 내야 한다. 전화를 걸기 전에 통화료를 확인하자. 휴대폰이나 전화카드를 쓰는 것이 더 유리할 때도 있다.

● 우편
— **엽서** 아직도 엽서를 쓰는 사람이 있을까? 하지만 편지함에서 낯익은 글씨로 쓰여진 엽서를 발견하고 미소를 짓지 않는 사람은 없으리라. 당신이 안나푸르나 산길을 걷거나 뉴질랜드 바다에

서 고래와 노는 동안 사무실에서 서류 더미와 씨름하고 있을 친구들을 떠올리며 엽서를 써보자. 지구 저편에서 온 엽서를 받고 친구들은 행복에 젖을 것이다.

엽서는 자신의 여행을 꼼꼼하게 기록하는 데 도움이 된다. 또 혼자서 식사하거나 방에서 나오고 싶지 않을 때 훌륭한 소일거리가 된다. 현지 가게를 돌아다니며 엽서나 문구류를 사는 것도 재미있다.

★ **생생 팁!** 떠나기 전에 친구들과 가족의 이름과 주소를 인쇄한 라벨을 미리 준비하자. 여행지에서 엽서를 보낼 때 사용하면 누구에게 엽서를 보냈는지 알 수 있다.

● 유치 우편

편지나 소포를 해당 우체국의 일반 배달 주소로 보내면 외국에서도 우편물을 받을 수 있다. 이를 유치 우편이라고 한다. 시골보다는 도시의 우체국을 이용하는 것이 더 믿을 만하다. 방법은 다음과 같다. 우선 당신이 어디에 언제쯤 도착할 예정인지 친지들에게 알려주자. 우편 봉투나 소포 상자에 당신의 이름을 적고 아랫줄에 'Post Restante'라고 쓴 다음 우체국 주소를 쓰면 된다. 건당 요금이 부과된다.

만약 우체국 직원이 당신이 기다리는 우편물을 찾지 못할 경우에는 우편물이 잘못 섞여 들어갔을 수도 있으니 다시 한번 찾아볼 것을 요청하자.

레슬리는 유럽 여행에서 이 우편 서비스를 매우 독특하게 이용했다. "두 달 동안 여행이 계속되니 일요일 아침 신문이 너무나 보고 싶었어요. 그래서 남자 친구에게 일요일 판에서 내가 제일 좋아하는 섹션을 보내달라고 했습니다."

16
열린 마음으로 언어의 장벽을 넘어서라!

외국어를 못해서 해외여행을 떠나지 못한다고 핑계 대는 사람들이 많다. 그렇지만 꼭 말이 유창해야 재미있고 보람된 여행을 할 수 있는 것은 아니다. 사실은 말을 배우는 것 자체가 재미있는 모험이 될 수 있다. 몇 가지 기본 단어를 익히는 것은 생각보다 쉬운 데다 그런 노력에 대한 보상으로 현지인의 호감까지 얻을 수 있다.

● 기본 회화

외국 여행에 앞서 방문국의 언어를 몇 마디 익히는 것은 기본적인 예의라 하겠다. 또한 몇 마디의 외국어 덕분에 여행이 훨씬 재미있고 풍요로워진다. 기본적인 것만 익히면 현지인들과 충분히 소통할 수 있다. 다음 단어와 기본회화를 현지어로 익히자.

여보세요	실례합니다
내 이름은 …입니다	죄송합니다
당신의 이름은 무엇입니까?	…가 어디에 있습니까?
영어를 하시나요?	이것은 …말로 뭐라고 합니까?
안녕히 계세요	이것은 얼마입니까?
제발	너무 비싸요
고맙습니다	나는 …을 좋아합니다
네	아니오

안내서, 기본회화집, 사전, 회화 강좌, 인터넷 등 다양한 방법으로 외국어를 배울 수 있다. 떠나기 전에 위의 단어를 적은 커닝용 쪽지를 준비하여 필요할 때마다 사용하자.

특별한 식습관이나 알레르기가 있다면 그 단어를 현지어로 알아야 한다. 채식주의자로서 나는 먹을 수 있고 먹을 수 없는 것을 설명하는 것이 얼마나 중요한지 체험으로 알고 있다. 어떤 것은 경험을 통해서만 배울 수 있다. 베트남 여행에서는 국을 여러 대접 먹고 나서야 그곳에서는 닭고기를 고기로 간주하지 않는다는 것을 알게 되었다. 적어도 '팃thit'은 아니었다. 내가 가진 여행안내서에는 고기에 해당하는 베트남어가 '팃'이라고 나와 있었다. 그러니까 "닭고기 빼고"라는 뜻으로 "콩팃khong thit"이라 주문하면 닭고기가 들어갈 수도 있고 안 들어갈 수도 있는 것이다.

| 앨리슨은 유럽 배낭여행에서 영어를 하는 사람들을 어렵지 않게 만날 수 있었다. 그럼에도 불구하고 그녀는 말했다. "나는 현지어를 충분히 익혔어요. 그래서 메뉴에서 말고기를 빼놓고 주문할 수 있었답니다."

| 중국어나 태국어같이 음에 고저가 있는 말은 배우기 어렵지만 그럴수록 이국의 여행자의 입에서 나온 한두 마디의 말에 현지인들은 더욱 감틴하게 될 것이디. 어떤 외국어든 처음 배우면 실수를 하게 되어 있다. 그 실수에 사람들이 웃으면 당혹스럽기도 하고 진땀도 나겠지만, 그러면 어떻단 말인가? 그것조차 즐기면 되는 것이다.

| 로라는 여행 중에 언어 장벽 때문에 고생한 적이 한 번도 없었다. 그녀는 언어 문제를 두 가지로 나누었다. "첫번째는 스스로를 위해 꼭 넘어야 할 장벽입니다. 이 벽은 크게 어려울 것이 없습니다. 객실이나 음식을 팔려는 현지인들이 당신과 소통하기 위해 적극적으로 노력할 테니까요. 내가 언제 이런 것을 주문했지? 하고 놀라는 일이 종종 생기기는 하겠지만요. 두번째 카테고리는 기초회화로 언제 어디서나 똑같습니다. 당신 이름은 무

엇입니까? 어느 나라에서 왔어요? 등등. 나는 그 나라 말을 잘 할 수 있으면 좋겠습니다. 그래서 그들에게 내가 읽은 책 이야기도 해주고 세상 돌아가는 이야기도 함께 나누고 싶어요."

현지어로 아주 간단하고 쉬운 대화밖에 할 수 없다 하더라도 현지인들은 자기네 말을 배우려고 애쓰는 당신의 노력을 높이 평가할 것이다. 현지인들과 몇 마디 말을 주고받다 보면 당신 또한 그들이 생각보다 영어를 잘 한다는 것을 알게 될 것이다. 그들이 영어로 말하는 것을 꺼리는 이유는 틀릴 것을 걱정하기 때문이다. 현지인을 만나면 우선 예의 바르게 인사를 나눈 후 영어를 하느냐고 현지어로 물어보자. 물론, 가능한 한 현지어로 대화를 이어가려고 노력하면 더욱 좋을 것이다.

기초회화든 심화학습이든 외국어는 다양한 방법으로 배울 수 있다. 그 과정에 투자되는 돈과 시간을 고려하여 적절한 방법을 선택하자.

- 오디오 프로그램

오디오 프로그램은 가장 저렴하게 외국어를 접할 수 있는 방법으로 정확한 발음을 들을 수 있다는 장점이 있다. 온라인에서 다운로드하거나 CD를 구입하면 된다. 도서관에서도 프로그램을 다운로드하거나 빌릴 수 있다. 이 학습법의 최대 장점은 언제 어디서나 자신이 원할 때 들을 수 있다는 것이다. 내게는 이 방법이 제일 적절하여 나는 출퇴근 중 차 안에서 CD로 스페인어를 복습하고 있다. 그러나 조심할 것이 있다. 운전 중에 발음을 따라하느라 정신이 팔려 출구를 놓친 적이 여러 번 있었다.

- 강좌

  외국어를 본격적으로 배우려면 돈과 시간을 투자해야 한다. 외국어 전문학원이나 대학 또는 지역 단체에서 개설한 외국어 강좌를 수강하면 외국어를 효과적으로 배울 수 있다. 오디오 프로그램보다 비싸지만, 수업에 활발하게 참여하고 강사에게 질문할 수 있어 효율적이다.

- 유학

  외국에 장기간 체류하면서 외국어를 배우는 사람들이 많이 있다. 현지 가정에 머물면서 생활 속에서 외국어를 체험하는 프로그램도 있다.

  배우고자 하는 외국어에 가장 적절한 프로그램을 선택한 다음에 대상지를 결정한다. 여러 나라에서 배울 수 있는 외국어도 있다. 예를 들어 스페인어는 멕시코에서도 배울 수 있다. 온라인에서 자신의 요구에 맞는 프로그램을 검색해 보자. 랭귀지 어브로드www.languagesabroad.com는 50개 국에 걸쳐 30개 외국어를 배울 수 있는 학습 프로그램을 제공하고 있다.

- 쉽고 간단하게!

  영어가 모국어가 아닌 사람과 영어로 대화할 때는 쉽고 간단한 단어로 천천히 말해야 한다. 외국어 학습에서 처음 배우는 기초 단어를 쓰자. 상대방이 한 번에 못 알아들으면 더 간단한 단어로 반복하여 말한다. 발음은 명료하고 분명해야 한다.

한 번은 친구의 부모님이 인도에서 오신 적이 있었다. 그 분들의 영어는 훌륭했지만 내가 말하는 단어나 액센트를 못 알아듣는 경우가 종종 있었다. 그럴 때마다 나는 더 쉬운 단어를 써서 천천히 반복해서 말했다. 후에 그분들은 나와 대화하는 것이 아주 쉬웠다고 말씀하셨다. 그때서야 나는 말하고자 하는 바를 될 수록 쉽고 간단한 단어로 다시 번역해서 말하는 버릇이 있다는 것을 알게 되었다. 수많은 여행을 하면서 비영어권 사람들과 오랫동안 대화하는 과정에서 생긴 제2의 천성이었다.

- 통역사

여행지의 사람들과 문화를 심도 있게 배우고자 하면 가이드나 통역사를 고용하는 것을 고려해보자. 그들의 통역과 설명을 통해 현지의 관습과 환경, 건축, 그밖에 당신의 흥미를 끄는 것을 훨씬 더 잘 이해하게 될 것이다. 여행 전에 방문국의 대사관에 문의하거나 온라인으로 알아보자. 도착한 후에 여행사나 자국 대사관에 문의해도 된다.

통역사나 가이드를 고용할 때는 반드시 추천서를 요구하고 직접 만나본 후에 결정하자. 당신의 모국어 또는 영어뿐만 아니라 현지어에도 능통하다는 확신이 드는 사람을 선택한다.

한 번은 태국 북부지역의 오지 마을에서 가이드를 고용한 적이 있었다. 마을에는 목이 긴 카렌족 여인들이 살고 있었다. 이들

미얀마 출신의 아름다운 여인들은 목에 여러 겹의 금속 목걸이를 두르고 있었다. 불행하게도 태국인 가이드는 카렌족의 말을 알지 못했다. 나는 마치 동물원 같은 곳에서 말이 통하지 않는 일단의 이국 사람들을 보고 있는 듯한 느낌이 들었다.

| 때로는 자진해서 가이드로 나서겠다는 현지인들을 만나는 경우가 있다. 한 끼의 식사나 작은 선물로 현지 문화를 배울 수 있는 좋은 기회가 될 수 있다. 때로 그들로부터 저녁식사 초대를 받기도 할 텐데 상황을 보아 안전하다고 판단되면 초대를 받아들이자. 그것이야말로 현지인의 생활방식을 엿볼 수 있는 절호의 기회이다.

| 사업상의 출장에는 통역사나 가이드가 반드시 필요한 때가 많다. 그런 때는 돈을 아끼지 말아야 한다. 숙련된 통역사는 단순하게 언어를 통역하는 데 그치지 않고 그것이 함축하고 있는 사회적, 문화적 의미까지 알 수 있게 해준다. 회사 또는 에이전시를 통해 그 분야에 경험이 많은 전문가를 소개받자.

● 참고자료와 제스처

기초회화집과 포켓용 사전은 여행 중 아주 간편한 참고서로 이용할 수 있다. 떠나기 전에 배운 것을 다시 일깨우고, 현지인들과 대화할 때 슬쩍 들춰보면 큰 도움이 된다. 중국어나 태국어같이 로마자가 아닌 외국어 기본회화집은 영어와 해당 외국어, 발음기호가 모두 표기되어 있어야 한다.

| 자주 쓰는 기본회화와 단어를 공책이나 종이, 또는 기본회화집

속표지에 적어 늘 가지고 다니자.

| 퀵포인트 www.kwikpoint.com에서 나온 접이식 카드도 유용하게 쓸 수 있다. 여권 크기의 코팅처리된 카드에 그려진 600여 개의 그림은 누구나 쉽게 알아볼 수 있어서 자신이 말하고자 하는 바를 쉽게 전달할 수 있다.

| 말이 통하지 않아 어려움에 처했을 때 손짓과 보디랭귀지를 적극적으로 사용하면 대부분의 문제를 해결할 수 있다. 프랑스를 여행하면서 애린은 깨달은 것이 있었다. "여행은 어떻게든 자신을 표현해야 하는 상황에 뛰어든 것이라고 할 수 있습니다. 어느 정도의 말만 알고 있으면 손짓 몸짓으로 그럭저럭 해나갈 수 있더군요."

| 조끼 디자이너인 마리온은 여행자가 물품을 안전하게 보관할 수 있도록 '비밀' 주머니가 많은 조끼를 고안한 발명가이기도 하다. 그녀는 마음에 드는 옷감을 구입하기 위해 인도와 일본, 또 프랑스로 날아다닌다. 마리온은 이들 나라의 말을 전혀 하지 못하지만 언제나 그녀가 원하는 옷감을 찾아냈다. "나는 상인들과 만나는 것을 좋아합니다. 내가 그이들과 그토록 잘 소통할 수 있다는 것이 즐겁습니다. 내가 원하는 것이 무엇인지 길게 말할 필요 없이 그저 조끼를 입으면 됩니다. 나의 직관은 언제나 나를 올바른 곳으로 인도했습니다. 이틀이면 내가 원하는 옷감을 찾아내곤 했지요. 그 옷감은 흔한 것이 아니므로 나는 가격 흥정을 잘해야 합니다. 나는 내 나라 말로 하고 그들은 자기네들 말로 하지요. 그 와중에 우리는 공통분모를 발견하곤 합니

다. 여태껏 언어 때문에 내가 원하는 바를 이루지 못한 적은 없었습니다."

- 웃고 즐기기

현지인들 중에는 당신에게 자기네 말을 기어이 시키는 사람들이 있을 것이다. 당신이 더듬거리면 깔깔대고 때로 놀리기도 하면서 당신이 정확하게 말할 때까지 반복해서 고쳐주어 결국에는 함께 웃게 될 것이다.

처음으로 멕시코 여행에 나선 때였다. 밀크커피를 마시고 싶어 아담한 카페에 들어갔다. 웨이터가 다가오자 나는 내가 알고 있는 스페인어 단어를 총동원하여 낑낑대며 간신히 밀크커피를 주문했다. 그때까지 가만히 듣고 있던 웨이터가 "설탕은 어떻게 할까요?" 하고 유창한 영어로 묻는 것이 아닌가? 순간적으로 얼마나 맥이 빠지고 또 우스웠는지, 지금 생각해도 웃음이 난다.

너무 심각하게 받아들이지만 않는다면 여행지에서의 소통은 웃음의 연속이다. 소통이 안 되어도 웃음의 연속인 것은 마찬가지이다. 그런 과정에서 친구도 생기는 것이다.

★ 동상이몽

베트남의 하노이에서 일어난 일이었다. 택시를 타고 나는 기사에게 하노이 오페라 호텔로 가달라고 했다. 그 호텔은 하노이에서 가장 유명한 명소 중의 하나였다. 나는 그 호텔 근처에 있는 작은 호텔에 묵을 생각이었다. 오페라 호텔에서 내리면 숙소까지는 충분히 걸어갈 수 있는 거리였다.

그런데 택시는 내가 알고 있던 기찻길을 지나 호텔과는 반대방향으로 가고 있었다. 나는 기사에게 "오페라 호텔"이라고 다시 말했다. 그는 "네, 네. 오바가"라고 대답했다. 기사가 방향을 바꾸지 않기에 나는 호텔 이름을 반복했지만 그는 '오바가'라는 말만 되풀이할 뿐이었다. 생각해보니 내가 모르는 뒷길로 해서 호텔까지 가는 방법도 있을 것 같았다.

얼마 후 내가 아는 다리가 나타났다. 기사가 방향을 잘못 잡은 것이 확실해졌다. 신변의 안전이 걱정되는 정도는 아니었지만, 나는 기사에게 방향을 바꾸라고 반복해서 요구했다. 그는 그제야 방향을 바꾸었고 마침내 택시는 커다란 호텔이 보이는 곳에 이르렀다. "보이지요? 오페라 호텔!" 나는 약간 격양된 목소리로 힘을 주어 말했다. 그러자 기사는 정확한 영어 발음으로 "아, 하노이 오페라 호텔!"이라고 말하는 거였다. 어쨌든 무언가 해석에 문제가 있었던 것이 분명했다. 우리는 같은 말을 했지만 억양과 강세가 달라 서로 반대 방향으로 가는 촌극을 벌였던 것이다. 그로부터 6년이란 세월이 흐른 지금도 나는 '오페라'라는 단어를 들을 때면 혼자 웃는다. 호텔 주소를 꼭 챙겨야 한다는 것도 그때 배웠다.

17 책임 있는 여행을 하자

여행은 본질적으로 어디엔가 끼어드는 것이다. 여행 중에 당신은 현지인과 그곳의 환경에 끼이들게 된다. 당신의 행동과 당신이 그곳에 남긴 흔적은 어떤 방식으로든 그곳 사람들에게 영향을 미친다. 멀리 떨어진 곳일수록 잠재적인 영향은 더욱 커진다. 여행지의 사람들과 환경을 배려하여 합리적으로 행동하는 것은 여행자가 반드시 지켜야 할 책임사항이다.

- 문화충격

  여행 중에 전혀 새로운 장소에서 경험하는 낯선 풍경과 환경 앞에서 때로 혼란스러워지는 것은 당연한 일이다. 이같은 정신적 혼란과 오해는 여행의 한 부분으로 이해해야 한다. 마음을 열고 앞으로 경험하게 될 것에 미리 대비하면 당황할 일이 줄어들 것이다.

- 현지 관습 배우기

  여행지에서 자신을 빤히 쳐다보는 사람들의 시선이 느껴지면 누구나 당황할 것이다. 그 정도는 점잖은 편이고, 현지 관습을 잘 몰라서 실수를 저지르면 화를 내거나 욕을 하는 현지인들도 있다. 아시아에서는 젓가락으로 음식을 찌르면 무례한 사람으로 취급받는다. 과테말라에서 허락을 구하지 않고 마야 인디언 사진을 찍으면 큰 봉변을 당할 수 있다.

  | 떠나기에 앞서 여행국에 대해 충분히 공부하면 무례한 행동으로 여겨지는 실수를 피할 수 있다. 문화충격 또는 문화친화에 대한 안내서를 읽는 것부터 시작하자. 이들 안내서는 각 나라와 도시에 대해 심층적인 정보를 제공하는데 역사, 종교, 정치 등 배경 정보를 포함하고 있다. 또한 손짓에서부터 현지인들과 어울리고 친구를 사귀는 법에 이르기까지 각 나라의 문화를 이해하고 그에 따라 적절하게 처신하는 데 필요한 자세한 정보를 담고 있다.

  | 더 많은 심층 정보에 대해서는 4장 〈세부계획 짜기가 여행의 반〉

에서 소개한 여행안내서를 참고하고 서점과 도서관 또는 온라인에서 관련 서적을 찾아보자.

| 인터넷을 광범위하게 검색하면 많은 정보를 얻을 수 있다. 위키트레블www.wikitravel.org과 CIA 월드 팩트북은 문화를 이해하는 데 도움이 되는 포괄적인 정보를 제공하고 있다.

| 위키트레블은 전세계의 국가와 도시에 대해 문화, 정치, 역사 정보를 게재하고 있으며 관광안내소, 지도, 또는 특정 지역과 관련하여 추천할 만한 영화까지 다양한 정보가 링크되어 있다. 이 사이트는 독자들이 자발적으로 함께 만들어가므로 때로 정확하지 않은 정보가 올라올 수도 있다. CIA 월드 팩트북은 비록 디자인은 떨어지지만 전세계 각국을 사실과 숫자로 설명하고 있다. 무미건조하지만 탁월한 정보원이다.

| 출발 진에 여행지의 문화에 대해 여러 가지 책을 읽고 공부했다 하더라도 실제로 도착하여 경험하기 전에는 그 지역의 문화와 관습을 완전히 파악할 수 없다. 그러나 사전에 어느 정도라도 알고 있으면, 현지인들이 그들의 관습에 따라 하는 행동을 이해할 수 있게 되어 문화충격을 받지 않게 된다.

| 일단 목적지에 도착해서 현지인들을 잘 관찰하면 어떻게 행동하는 것이 적절한지 힌트를 얻을 수 있다. 트리시아는 평화봉사단의 일원으로 볼리비아에서 2년 동안 지냈다. 그녀는 여행을 통해 안내할 수 있다는 자신감을 갖게 되었다. 자신에게 익숙하지 않은 상황에 닥치면 통제하려는 여행자들이 많지만 그녀는 오히려 뒤로 물러나는 편이다. "나는 내가 모든 것을 다 알지

못한다는 것을 잘 알고 있습니다. 그럴 때면 나는 뒤로 물러나 앉아서 그들을 지켜봅니다. 그렇게 해서 그들과 어울릴 수 있는 방법을 찾아냅니다." 도움을 청해야 할 때면 그녀는 늘 현지 여성을 찾는다고 했다.

미국 음악의 뿌리를 찾기 위해 시골 구석구석까지 찾아다니는 동안 스잔은 시골 사람들을 포용하고 그들과 사귀는 법을 알게 되었다. "그들과 같은 부류인 척하지 마십시오. 그들이 실제로 관심을 가지고 사랑하는 것들을 존중하는 태도를 갖는 것이 제일 중요합니다. 질문을 많이 하는 것도 한 가지 방법입니다."

★ 문화에 대한 예의

90년대 초에 나는 호주의 시드니에서 몇 달을 지낸 적이 있었다. 나는 원주민이 많기로 유명한 레드펀의 대규모 아파트에서 살았는데, 그곳에서 일단의 음악가를 알게 되었다. 밴드에는 호주 원주민도 한 사람 있었고 몸집이 큰 마오리족 추장도 있었다. 그들은 원래 사막에서 온 이들로 그곳에서는 저녁이면 모두 불가에 둘러 앉아 원주민의 신화에 나오는 지복의 시대에 대해 이야기를 나누고 대형 목관악기인 디제리두Dijeridoo를 연주하는 전통이 있었다. 그들은 도회 사람이 아니었고 그 지역은 경제적으로 침체된 곳이었다. 키 작은 금발 여성으로서 그런 사람들과 이웃으로 사는 것이 무섭지 않냐고 내게 질문하는 사람들이 적지 않았다. 그러나 사람들의 우려와는 정반대로 내 이웃들은 내게 아주 친절하고 다정했다. 그들을 만날 때마다 고개를 끄덕이며 "오늘은 어떠세요?" 하고 인사를 건넨 덕분인 것 같았다. 나는 진심으로 그들과 그들의 문화를 존중했다. 또한 생활 조건으로 그들을 판단하고 평가하지 않았다. 그리하여 그들 또한 내게 호의를 보이고 관심을 갖게 된 거였다.

- 문화

  지난 반세기에 걸쳐 관광산업이 크게 발전하면서 세계는 하나가 되었다. 그 결과 외국 문화에 대한 이해가 증가했지만 문제 또한 생겨났다. 관광객의 유입과 외국 브랜드제품의 유입 등 강력한 서구의 영향으로 전통의식과 축제를 비롯한 원주민의 문화가 희석되고 있는 것이다. 관광객들이 여행지의 아이들에게 푼돈과 선물을 주면서부터 많은 개발도상국가의 주민들이 여행자들의 지원을 기대하게 되었다. 네팔의 오지 산간지역에서도 돈과 연필을 달라고 여행자를 향해 소리치는 아이들의 모습이 이제 전혀 낯설지 않다.

  에이미는 인도에서 6개월을 보낸 후 아이들의 구걸에 대해 고민하게 되었다. "거리에 차가 멈추면 여덟 살쯤 된 여자아이가 얼른 차 창문을 두드리고 춤을 추기 시작합니다. 참으로 슬픈 일입니다. 부모가 되어 아이에게 춤을 추라고 밖으로 내몰다니, 비극적인 상황이지요. 그 아이에게 돈을 주면 그런 일을 반복하게 만드는 겁니다. 결국 다른 부모들도 자기 아이들에게 똑같은 짓을 시키게 되겠지요."

  에이미는 한숨을 쉬었다. "어떻게 하는 것이 옳은 일인지 정말 모르겠습니다. 책을 통해 문화에 대해 공부하면서 제가 할 수 있는 선하고 사려 깊은 일을 해야겠지요."

관광으로 인해 변질되는 것은 문화만이 아니다. 토착 언어도 사라지고 있다. 유네스코www.unesco.org에 따르면 2주마다 언어 하나가 사라지고 있으며, 전세계 6천여 언어 중에 절반이 사라질 위험에 처해 있다고 한다. 이런 일이 일어나는 이유 중의 하나는 경제적 안정을 얻기 위해 좀더 대중적인 언어를 채택하는 지역이 늘어나기 때문이다.

예를 들어보자. 태국 북부 지역의 고산족인 미엔족이 만약 다른 태국 사람들이나 관광객들과 언어로 소통할 수 있다면 상업과 무역이 크게 늘어날 것이다. 이 경우 이들 종족은 자신들의 고유 언어인 미아오 야오보다 태국어 또는 영어를 사용하는 것이 훨씬 더 유리할 것이다. 그러나 언어를 상실하면 문화 또한 잃어버리게 되는 것이다.

크룩드 트레일www.crookedtrails.com은 현지의 고유 문화에 영향을 끼치지 않고 지역사회를 유지하는 데 도움이 되는 여행상품을 개발하고 주도하는 비영리 단체이다. 단체 운영자인 크리스는 말한다. "우리는 현지인들에게 여행이 지역의 환경을 해치지 않는다는 것을 보여주려고 합니다. 또한 지역 주민들이 그곳에서 일어나는 일에 대해 발언권을 가져야 한다는 것도 알려줍니다. 우리가 그곳에 경제적 혜택을 줄 수 있다면 아이들이 집을 떠나 도시로 빠져나가지 않겠지요. 그러면 그들도 자기네 문화에서 가치를 발견하게 될 것입니다."

| 여행과 관련하여 북한이나 미얀마 같이 인권이 무참하게 무시되는 나라에 대해 논쟁이 뜨겁다. 이들 국가로 여행하는 사람들이 많아지면 사회적 장벽이 허물어지고 국민들이 서구 사상을 접하게 되므로 진보적인 발전에 도움이 될 거라는 의견이 있다. 반면에 주민들이 억압된 이들 나라에서는 여행자가 내는 돈으로 정부만 배를 불릴 거라는 의견도 있다. 1989년부터 대부분의 시간을 자택에 연금되어 있는 미얀마의 민주 지도자 아웅산 수치 여사는 외국인의 미얀마 여행에 부정적인 입장을 취하고 있다. 방문국의 인권에 대해서는 국제 앰네스티 웹사이트 www.amnesty.org 를 참고하자.

| 솔로여행자가 지역의 문화에 끼치는 영향은 그리 크지 않다. 반면에 단체여행은 일행이 많아 주민들에게 때로 위협이 될 수도 있다. 혼자 여행하면 주민들과 일대일로 만날 수 있는 기회가 많기 때문에 사람 사이의 보이지 않는 장벽이 쉽게 무너지고 상대방 국가에 대해 가지고 있던 선입관도 깨어진다. 그러면 여행자는 방문국에 대해 훨씬 더 많은 것을 배울 수 있게 된다. 커넥팅 솔로 트레블러 네트워크 www.cstn.org의 발행인 다이안 레드펀에 따르면 "혼자 여행하는 당신에게 현지 사람들이 스스로 다가온다는 것은 당신 나라의 정부에 대한 그들의 적대감이 사라졌다는 것을 뜻한다."

| 사소한 손짓 하나도 현지인에게 영향을 줄 수 있다. 긍정적인 인상을 심어주기 위해 다음의 사항을 지키자.

- 현지의 말을 배운다. 사람들과 잘 어울리고 거슬리는 행동을 삼간다.
- 친절하고 정중하게 행동하는 것만으로도 긍정적인 분위기를 만든다. 자국의 대사인 것처럼 행동하자.
- 현지 프로젝트에 자발적으로 참여하여 지역과 주민을 돕는다.
- 현지 주민이 만든 수공예품을 구입하고 개인 소유의 상점을 이용하자.
- 귀국 후에는 방문국의 정치적 사회적 여건에 대한 인식을 높인다. 친구들과 동료들에게 알리고 관련 이벤트에 참여하고 자신의 철학과 상응하는 단체를 후원하자.
- 그 지역의 종교적 관습을 존중하자.

● 환경

관광산업은 토착문화뿐만이 아니라 환경에도 심각한 영향을 주어 지구 곳곳에서 환경이 신음하는 소리가 들린다.

지역사회는 관광객에게 기본적인 필수품은 물론 사치품을 제공하기 위해 현지 자원에 의지하게 된다. 개발도상국에서는 이를 위해 자연환경에서 물이나 나무 같은 자원을 수탈하는 수밖에 없다. 그리하여 단기적으로 현지 주민들을 위한 자연 자원이 부족하게 되고 장기적으로는 그 나라의 생물학적 다양성이 위협을 받게 된다. 두 가지 예를 들어보자. 브라질의 열대우림 지역은 벌채로 인해 거의 파괴되었으며, 호주 그레이트 베리어 리프의 저 유명한 산호초는 육지에서 흘러들어온 오·폐수와 지구

온난화 현상으로 죽어가고 있다.

| 여행지에서 하는 활동 중에는 환경에 심각한 피해를 주는 것들이 있다. 제트 스키는 소음과 수질 오염을 야기하고 스쿠버 다이빙에서 다이버가 부주의하면 수생생물과 산호초 같은 생태환경에 해를 입힐 수 있다. 수많은 트레커들로 오지 마을까지 쓰레기가 늘어나고 있다. 게다가 늘어나는 관광객을 유치하기 위해 전기와 물을 과도하게 사용하게 되므로 지역의 환경은 더욱 피폐해진다. 관광객이 급격하게 늘어나고 있는 코스타리카 같은 국가는 더욱 심각하다. 오·폐수 처리시설과 상수도 인프라가 거의 없기 때문이다.

| 물은 갈수록 귀중한 자원이 되어가고 있다. 수건을 재사용하는 호텔이 많아지고 있는데 이것만으로도 엄청난 양의 물을 절약할 수 있다. 세탁을 원하는 고객은 욕실 바닥에 수건을 놓으면 된다. 요청해야만 물을 주는 식당도 많이 있다. 관광산업이 지역문화와 환경에 끼치는 폐해를 최소화하기 위한 움직임이 전 세계적으로 시작되고 있다.

★ **생생 팁!** 자신이 묵고 있는 호텔에서 수건과 침구 재사용 정책을 쓰지 않는다면 객실 문에 입실금지를 뜻하는 "Don't disturb" 패찰을 걸어놓자.

브랜다의 이야기

| 이집트의 사진 워크숍에 참석한 그룹을 안내하던 때였습니다. 나는 그들을 전통적인 낙타 시장으로 안내했습니다. 수많은 여행단이 다녀가는 시장이어서 현지 주민들은 관광객에 익숙한 편이었지요. 입장권이 있으면 시장 안에서 자유롭게 사진을 촬영할 수 있었습니다. 그렇지만 시장 밖에 있는 사람들을 찍을 때는 먼저 허락을 구하는 것이 예의겠지요.

| 시장 안 한쪽 구석에 남자 넷이 앉아 있었습니다. 그들은 임시로 만든 낙타 우리를 지키고 있었습니다. 나는 그들을 향해 카메라를 치켜 올려 보이고는 사진을 찍기 시작했어요. 그들 중의 하나가 손을 흔들었지만 이유를 알 수 없었습니다. 그는 나를 향해 여러 차례 손을 흔들었어요. 그제야 그들보다 내가 높은 곳에 있다는 것을 알게 되었습니다. 그들은 줄곧 앉아 있었거든요. 마치 내가 대장인 양 그들 앞에 우뚝 서있었던 것이지요.

| 상황을 파악한 나는 얼른 쪼그리고 앉아 사진을 찍기 시작했습니다. 그제야 그들의 얼굴이 환해졌습니다. 덕분

에 저는 더 훌륭한 사진을 찍을 수 있었지요.
| 최상의 사진을 원한다면 가능한 한 사람들과 많이 어울려야 합니다. 외국인으로서 여행자는 눈에 띄게 마련입니다. 될수록 평범한 옷차림을 하고 여행지의 문화에 적절한 의례와 관습을 알아둬야 합니다. 떠나기에 앞서 여행지의 문화에 대해 가능한 한 많이 공부하면 좋겠지요.

― **에코 투어리즘** 환경친화적 관광을 지향하는 에코 투어리즘은 여행에 있어서 환경의 지속가능성과 여행자의 책임을 강조한다. 여행자에게 재활용을 장려하고 물과 에너지를 보호하여 자연에 끼치는 폐해를 최소한으로 줄이도록 하는 것이다. 환경이 보존되면 현시인들의 일반적인 복지도 개선될 것이나. 책임 있는 여행이 정착된다면 토착민들이 일자리가 더 많은 도시로 빠져나가지 않고 자신의 마을이나 지역에 남게 될 가능성이 높아진다. 만약 재활용이나 물 보존, 환경친화 같은 단어가 아직 익숙하게 여겨지지 않는다면, 이번 여행에서부터 자연친화적인 습관을 들여보자. 무심코 물을 잠그지 않고 잠깐 흘려버리게 되면 그 지역의 물 부족에 일조를 하게 되는 것이다. 최근 북미의 일부 지역에서는 물 부족으로 인해 여름에 일정 기간 동안 사업장의 문을 강제로 닫게 하는 곳도 있다.
| 나 홀로 여행자로서 우리는 환경의 훼손을 늦추거나 막을 수 있는 기회를 날마다 갖게 된다. 자신의 책임을 다하는 여행자가

될 수 있도록 다음 사항을 기억하자.

- 생수를 구입하지 않고 정수 약품이나 필터, 또는 휴대용 정수기를 가지고 다닌다.
- 특히 도보여행에서, 항상 쓰레기를 치우고 절대로 남기지 않는다. 가능한 한 재활용한다.
- 호텔에서 수건과 침구를 재사용하여 물을 절약한다.
- 양치할 때는 물을 잠그고 목욕 대신 샤워를 간단히 한다.
- 수입 식품 대신 지역에서 재배된 신선한 음식을 먹는다.
- 가능한 한 동력 기계를 쓰지 않는 활동을 한다. 스노 모바일 대신 노르딕 스키를 타고 제트 스키 대신 요트를 탄다.
- 가능하면 오염물질을 최소한으로 발생하는 교통수단을 이용한다. 모터 바이크 대신 사이클로를 타고 택시 대신 대중교통을 이용한다.
- 항공여행으로 인한 이산화탄소 배출을 상쇄하기 위해 나무를 심는 단체에 소액을 기부하는 등 이산화탄소 물물교환 프로그램을 이용하자. 테라패스www.terrapass.com 등 몇 가지 프로그램이 있다.
- 야생동물을 관람할 때 먹이를 주거나 방해하지 말고 고래와 기타 바다생물로부터는 최소한 600미터 이상 떨어진다.
- 멸종위기 동물이나 식물로 만든 제품을 사지 않는다.
- 도보여행에서는 유지보수와 관리가 되는 지정 트레일만을 이용한다.

맥의 이야기

- 케냐에서 캠핑 사파리를 하던 때였습니다. 우리 일행은 놀이공원에 마련된 캠프 파이어 주변에 둘러앉아 있었어요. 우리를 보호하기 위해 고용된 마사이족 전사들도 자리를 함께 했습니다. 첫날 밤에 전사들은 몹시 불편해 보였어요. 내가 제안한 이야기 놀이에도 참여하지 않았지요. 각 나라 사람들이 돌아가며 이야기하는 놀이였습니다. 케냐, 스웨덴, 미국, 그런 식으로요.
- 둘째 날 밤에는 세 명의 전사가 나타났습니다. 전날 왔던 두 전사가 한 사람을 데려왔더군요. 아마 이상한 서양 여자를 보여주고 싶었나 봅니다. 전날 밤에 제가 모두 불가에 앉아 놀아야 한다고 엄청 바람을 잡았거든요. 전사들은 우리들과 이야기를 나누지는 않았습니다. 그렇지만 내가 소형 녹음기에 녹음한 자신들의 목소리를 들려주자 아주 좋아했습니다. 자리가 파할 즈음 그들은 웃음을 환하게 머금은 채 가사가 아주 긴 노래를 네 곡이나 연거푸 불렀답니다.
- 리듬이 복잡한 노래였는데 머리를 움직이는 동작과 쳇

하며 혀를 반복해서 차는 소리에 나는 완전히 매료되고 말았습니다. 가이드가 가사를 번역해주었어요. 용맹스런 전사들의 이야기는 모두 사자를 드라마틱하게 죽이는 것으로 끝이 나더군요. 저녁이 끝날 무렵 우리는 눈에 띄게 가까워졌습니다. 나는 남아서 요리사가 우갈리를 만들기 위해 끓는 물에 가루를 넣고 젓는 것을 지켜보았어요. 우리는 함께 맛을 보았습니다. 정말이지, 다시 한번 우갈리를 맛보고 싶어요. 그런 다음 우리는 진심에서 우러나온 인사를 나누었습니다. 기도하듯 두 손을 합장하고 미소 띤 얼굴로 허리를 숙이고 말입니다.

그 캠핑에서 제일 인상 깊었던 것은 첫날 서먹서먹했던 전사들이 둘째 날에는 그토록 환한 웃음을 보여준 거였습니다. 우리의 우정을 받아들여 180도 달라진 거였지요. 그날 밤 텐트의 지퍼를 올리다가 나는 조용히 보초를 서고 있는 마사이 전사를 보았습니다. 그는 마치 내면의 음악에 맞추듯 앞뒤로 부드럽게 몸을 흔들었습니다. 자신들의 노래에 환호하던 우리를 떠올리며 그는 틀림없이 행복했을 거라고 나는 확신합니다.

18
즐거운 귀국을 위한 작은 노력

기이하지만, 여행에서 집으로 돌아오면 나는 늘 문화충격을 느낀다. 그러니까 역 문화충격인 셈이다. 어느 곳에 들어서면 놀라고 당황해서 나도 모르게 고개가 흔들어지는, 그런 느낌 말이다. 이를테면 슈퍼마켓에 진열된 어마어마하게 많은 식품이 그렇다. 통로 하나를 가득 채운 음료수를 보면 어지럼증마저 인다. 집에서도 그렇다. 옷장 문을 열다가 또 화들짝 놀란다. 내가 정말로 좋아하는 것은 꼭 두 벌뿐인데, 무슨 옷이 이렇게 많지? 그러다가 어느 날부터인가 입을 옷이 없다고 또 먹을 것이 없다고 불평하기 시작한다. 역 문화충격이 극복된 것이다. 여기서는 여행 이전의 생활로 다시 돌아가는 데 도움이 될 만한 몇 가지를 소개한다.

- 귀국 준비

  귀국에 대비하여 정서적으로 또 실질적으로 미리 준비할 것을 권한다. 친구든 가족이든 공항으로 마중 나올 사람을 마련해놓자. 비행기가 지연되는 경우를 대비하여 항공편 정보를 알려준다. 약속한 사람에게 문제가 생길 수도 있으니 셔틀 서비스 같은 대안도 생각해두자. 비록 여행 중에는 쓰지 않았더라도 휴대폰을 챙기자. 공항이나 기차역, 또는 버스 터미널에 도착하여 필요한 경우 쉽게 전화를 걸 수 있다.

  여행을 떠나기 전에 집을 깨끗이 정돈해놓으면 귀국 후 다시 예전 생활로 돌아가는 데 큰 도움이 된다. 집에 들어서자 설거지감이 가득한 싱크대가 눈에 띈다면 그보다 더 김 빠지는 일은 없을 것이다. 가사 도우미가 있다면 귀국 날짜에 맞추어 집을 정돈해 달라고 이르자.

- 여행 후 우울증

  여행에서 돌아오면 대부분의 경우 여행 후 우울증을 겪게 된다. 모험은 끝났고 이제 다시 설거지, 청구서, 전화, 이메일 등 고인 물 같은 일상으로 다시 돌아가야 하는 것이다. 사무실에서나 집에서나 하찮은 것들에 치여 지내노라면 마치 수렁에 빠진 듯한 느낌이 들어 여행지의 태양과 짜릿함 그리고 이국의 음식이 그리워지는 것이다.

  정상적인 생활로 홀가분하게 돌아가기 위해 귀국 후의 짧은 휴가를 계획해보는 것은 어떨까?

| 오랜만에 집에서 맞이하는 첫날은 음식을 만드느라 부산떨지 말자. 공항에서 집으로 돌아오는 길에 슈퍼마켓에 들러 조리된 건강식품을 사오거나 특별한 식사를 할 수 있는 음식점을 찾아가자. 귀국 첫날, 나는 으레 여행 중에 먹던 것과 비슷한 식사를 한다. 멕시코의 퀘사디아, 그리스의 그릭 샐러드, 태국의 양꿍. 아니면 평소 특별한 날에 먹던 그리운 옛 음식도 좋다. 떠나기 전에 이 같은 여유 경비를 예산에 넣도록 하자. 일상으로 돌아가기가 훨씬 쉬워질 것이다.

★ **생생 팁!** 저녁에 귀국하여 다음날 아침에 바로 사무실에 출근하지 않도록 여행 일정을 계획하자. 좀더 홀가분하게 일상생활로 돌아갈 수 있을 것이다.

| 여행 후 일남과 사신을 궁금해 하는 사람들과 뇌노톡 빨리 커피나 저녁 약속을 잡자. 전에 그들이 여행에서 돌아와 그랬던 것처럼 열정과 호의로 여행의 추억을 나누어주자. 사진을 공유하는 온라인 사이트에 사진을 업로드하여 가족과 친구들과 공유하는 것도 좋은 방법이다.
| 사진과 기념품, 여행 중에 모은 티켓과 동전 같은 작은 물품을 시간을 내서 찬찬히 살펴보자. 스크랩북에 정리하는 것도 좋겠다. 어느 정도는 여행과 연결되는 끈을 놓지 말자. 다른 삶으로 불쑥 갈아탈 필요는 없다. 어차피 일상으로 돌아가야 하니까 급하게 서두르지 말자.
| 그래도 역 문화충격과 씨름하는 자신을 발견한다면 극복할 수

있는 방법을 알아보자.

- 대형 체인마켓과 음식점을 피한다. 대신 여행 중에 그랬듯 개인이 운영하는 소규모 업소를 자주 이용하여 이웃을 후원하자.
- 텔레비전을 아예 켜지 않는다. 라디오와 신문의 뉴스에서 떨어져서 지낸다.
- 건강하게 잘 먹자. 허전함을 보충하려고 해로운 음식을 마구 먹기 쉽다.
- 자연 속에서 긴 산책을 하자. 당신의 여행 이야기를 간절히 듣고 싶어하는 친구와 함께라면 더욱 좋을 것이다.

자, 이제 당신은 일상으로 돌아왔다. 무슨 일부터 시작해야 할까? 가장 중요한 것은 당신의 현재 모습을 사랑하는 것이다. 그리고 다음 여행을 위해 곧바로 저축을 시작하자.

— 마지막 한 마디!

| 20여 년 전 첫번째 여행을 떠나면서부터 나는 예전에는 상상조차 할 수 없었던 삶을 살게 되었다. 이제는 여행, 그것도 혼자 떠나는 여행이 없는 삶을 나는 상상할 수 없다. 그렇다. 솔로여행은 내 앞에 새로운 길을 열어놓았다. 그러나 내가 사랑하는 그 길에 뛰어들자 나는 집에서는 흰 양들 속에 섞여 태어난 한 마리의 검은 양이 되었고, 오래된 정든 친구들 사이에서는 이상한 사람이 되었다.
| 내 친구들과 가족은 여행을 갈망하지 않는다. 내가 정말 이상한 것일까? 그렇지만 때때로 가지게 되는 의혹이나 외부의 압력 때문에 내가 이 특별하고 아름다운 모험을 멈추는 일은 절대로 없을 것이다.
| 여행자, 특히 여성여행자에게 지금은 과거 그 어느 때보다도 세상 밖으로 나가는 것이 쉬워졌다. 인터넷을 통해 전세계 구석구석까지 자세한 정보를 얻을 수 있고 언제 어디서나 이메일 한 통으로 집에 있는 가족과 친구들에게 연락할 수 있게 되었다. 긴급하게 도움이 필요할 때 쓸 수 있는 휴대폰도 있다.
| 지난 20여 년 동안 지구를 돌면서 나는 경이와 장엄한 순간으

로 충만한 세상을 보았다. 그것은 선의로 가득 찬 세상이었다. 누군가 길을 잃거나 도움을 구할 때면 생전 처음 보는 사람들이 주저하지 않고 나서서 도와주었다. 길 위에 있는 동안 나는 늘 누군가의 도움을 받았고 나 또한 다른 이들에게 친절을 베풀려고 애썼다. 여행의 매일매일이 그 전날보다 더 짜릿하고 경이로웠다.

꼭 세계여행이 아니라도 괜찮다. 1만 마일 오토바이 여행이 아니어도 좋다. 당신의 꿈이 무엇이든 바로 지금 여행이라는 모험을 계획하라. 당신의 꿈이 이루어지는 날, 내 약속하건대, 전에는 몰랐던 힘을 당신은 발견할 것이다. 그리고 다시 일상으로 돌아온 당신의 삶에 여행은 긍정의 힘을 곳곳에서 발휘할 것이다.

일리노어 루즈벨트가 말했듯 "당신이 도저히 할 수 없다고 믿고 있는, 바로 그것을 해야 한다." 나는 무엇이든 할 수 있다는 믿음을 갖는 것, 그것이야말로 여행의 첫 걸음이다.

부디 즐거운 여행을!

— 옮긴이의 말

얼마 전, 싱가포르 친구 데니스가 산골짜기 우리 농장을 다녀갔다. 1년 반 년 전보다 훨씬 밝고 안정되어 보였다. 그때, 웃음 머금은 그녀의 동그란 얼굴에는 어딘지 긴장감이 느껴졌었다. 스스로 불안감을 떨쳐버리지 못했던 것이다. 한국의 농장에 우퍼로 간다니까, 친구들이 모두 제 정신이냐며 말렸단다. 어떤 사람들인지도 모르고, 어디에 박혔는지도 모르는 곳을, 그것도 여자 혼자서!

시골에 내려온 지 13년, 그동안 많은 외국의 젊은이들이 우리 농장을 찾아와 우리와 함께 일하고 서로의 문화를 나누었다. 이들 우퍼 중에는 혼자 온 여성들도 많았다. 데니스도 그들 중 한 명이었다. 지난해 봄 그녀가 모험을 감행했던 이유는 사무실과 집 그리고 잠으로 이어지는 지리멸렬한 일상에서 탈출하여 자신을 돌아보고 잃어버린 열정을 찾는 거였다. 데니스의 첫 솔로여행은 성공이었다. 여행에서 자신감을 회복한 그녀는 귀국 후에 직장을 그만두고 친구와 새 사업을 시작했단다. 지난해 그녀의 솔로여행을 걱정하던 이들 중에는 대만의 차 농장에서 우퍼 체험을 한 친구도 있다며 데니스는 환하게 웃었다.

베트남의 프랑스 친구 뚜안도 특별했다. 산업디자인을 전공한 뚜안은 자신의 여행도 디자인했다. 대학에 입학하면서부터 각종 아르바이트로 여행 경비를 마련하여 졸업 후에 곧장 1년 예정의 여행에 나섰단다. 직장과 가정이 생기면 아무래도 솔로여행이 어려울 것 같았단다. 동남아시아, 그 중에서도 시골 마을로 대부분의 여정을 계획한 것은 자신의 정체성을 찾기 위해서였단다. 베트남 오지에서 태어나 어린 시절을 그곳에서 보냈던 것이다.

떠나기 전에 꼼꼼하게 준비한 두 사람과 달리, 나는 늘 무작정 떠나는 쪽이었다. 여행은 바람 같은 거야, 했지만 돌아와서 생각해보면 놓친 것이 많았다. 바람 같이 떠나 아주 큰 것을 얻은 적도 있었다. 6년 전에 처음 나선 히말라야 산행에서였다. 남편이 고산 등반을 하는 동안 문득 혼자서 칼라파타르 트레킹에 나선 거였다. 홀로 걸은 닷새 내내 나는 아프도록 나를 들여다보았다. 그곳의 산들과 태양, 사람들이 나를 그렇게 만들었다. 경이로운 체험이었다.

빡빡하고 팍팍한 일상에서 우리는 어쩌면 꿈이 있다는 것조차 잊고 사는 것은 아닐까. 우선, 여행이란 꿈을 꾸자. 그리고 준비하자. 돈과 시간을 마련하고 체력을 기르고 정보를 구하고 여행자의 자세를 갖추자. 그것 또한 여행이다. 부디 그 여정에서 이 책이 좋은 친구가 되기를.

2010년 가을

옮긴이 강분석

— 부록

이책에 소개된, 여행에 유용한 사이트들

● 목적별 여행지를 정할 때 유용한 사이트

www.trails.com 미국, 캐나다, 멕시코 등의 트레일과 지형에 대한 광범위한 정보

www.americanhiking.org 트레일 정보 외에 이벤트와 자원봉사 정보 검색 가능

www.era-ewv-ferp.org 유럽의 11개 장거리 트레일에 대한 정보

www.duvine.com 요가를 결합한 자전거 여행 상품

www.adventurecycling.org 북미 전역의 자전거 도로 자료 수록

www.iexplore.com 싱글룸 추가요금 할인 및 개인여행 상품 제공

www.cstn.org 도착지 또는 여행의 성격에 맞는 동행자 매칭 사이트

www.mokitreks.com '영혼을 위한 휴가'라는 컨셉으로 다양한 여행상품 제공

www.wanderlustandlipstick.com 이 책의 저자가 운영하는 사이트로 여성

여행 정보 제공

www.elderhostel.org 55세 이상의 연령층을 위한 여행상품 안내

www.spafinder.com 전세계에 걸쳐 5천여 개의 스파 리스트를 제공

www.mypublisher.com 자신만의 앨범을 디자인하여 책처럼 출력이 가능한 사이트

www.flickr.com 전세계 사람들과 사진 공유가 가능한 온라인 커뮤니티

www.nationalgeographic.com 풍부한 사진과 기사를 제공하여 여행에 대한

영감과 자료를 극대화할 수 있는 사이트

www.beauwinetours.com 와인에 대한 다량의 정보 제공

www.crossculturalsolutions.org 세계 곳곳의 200여 가지의 자원봉사 프로그램 소개

www.sister-cities.org 국제 자매결연도시 사이트 안내

www.craigslist.org 전세계에 걸쳐 취업을 비롯한 다양한 정보를 얻을 수 있는 사이트

www.festivals.com 전세계의 문화행사 및 축제일정 등 포괄적인 정보 제공

www.dsiabledtravelersguide.com 장애인 여행자를 위한 세계여행 안내서

www.access-able.com 휠체어 장애인을 위한 단체 및 개별 여행 주선

www.disabilitytravel.com 모험여행 전문 가이드 등에 대해 폭넓은 정보 수록

www.wikitravel.org 전세계의 국가와 도시에 대해 문화, 정치, 역사 정보 게재

www.crookedtrails.com 지역사회의 전통을 지키기 위한 여행상품을 개발하는 비영리단체

www.globeriders.com 소규모 그룹으로 오지 구석구석까지 탐험하는 오토바이 전문 여행사

www.imtbike.com 스페인과 모로코 여행 전문으로 특화된 사이트

www.motodiscovery.com 오프로드 라이딩을 아우르는 중앙아메리카 전문 여행사

- 예약 등 세부계획을 짤때 유용한 사이트

  www.state.gov/travel 내란 등의 이유로 여행이 제한되거나 금지된 국가에 대한 정보

  www.amnesty.org 세계 각국의 인권상황에 대한 정보 제공

  www.cia.gov/cia/publications/factbook 세계 각국의 인구, 지형, 교통 등 정보 조회

  www.earthcalendar.net 지구 달력. 전세계 국가들의 축제와 공휴일 정보

www.lonelyplanet.com 가장 권위 있는 여행안내서의 홈페이지

www.roughguides.com 75개 국가의 100여 도시에 대한 정보

www.dk.com 사진으로 세상을 엿볼수 있는 여행가이드

www.roadfood.com 북미 지역의 저렴한 식당 정보를 포괄적으로 제공

www.chowhound.com 전세계에 걸쳐 여행자들이 추천하는 식당 정보

www.globalrefund.com 국가별로 상이한 부가가치세 환불정보 제공

www.zagat.com 전세계 95개 국에 걸쳐 호텔, 관광명소에 대한 정보 제공

www.viamichelin.com 유럽 42개 국가의 음식점 정보를 깐깐하게 평가한 사이트

www.eatsmartguides.com 인도네시아를 비롯한 10여 개국의 음식 정보

www.mapquest.com, maps.google.com 휴대폰에 지도 다운로드 가능

www.travelocity.com 항공권 온라인 할인판매 사이트

www.nwa.com 예약한 요금보다 저렴한 요금을 찾아내면 50달러 할인쿠폰 제공

www.bts.gov 출발공항별로 항공편의 출발과 도착 현황 자료를 제공

www.whichbudget.com 전세계의 저가 항공사 정보를 제공

www.seatguru.com 항공기 타입별로 좌석 배치도가 나와 있어 선호 좌석 예약 가능

www.prioritypass.com 전세계의 공항 라운지를 마음껏 들어갈 수 있는 자유이용권 판매

www.hihostels.com 전세계적으로 1만 개가 넘는 유스호스텔이 등록된 사이트

www.ymca.int 국제 YMCA. 여성여행자가 개인적, 혹은 숙소 형태로 숙박할 수 있다.

www.homeexchange.com 자신과 상대방의 집을 맞바꾸어 지낼 수 있는 사이트

www.couchsurfing.com 여행 중에 무료로 묵을 수 있는 곳을 찾는 웹사이트

www.eurail.com 유레일 웹사이트. 유레일패스는 이곳에서 온라인으로 구입하는 것이 유리하다

www.railpass.com 유레일패스 외 유럽 전역의 기차표 구입에 관한 정보 제공

www.thomascookpublishing.com 전세계의 기차 시간표를 완벽하게 제공

- 보다 완벽한 여행을 위한 팁을 제공하는 사이트

    www.audible.com, www.apple.com/itunes 수많은 오디오 북을 다운로드 할 수 있다.

    www.wififreespot.com 와이파이를 무료로 이용 가능한 리조트 등의 시설을 국가별로 안내

    www.kodakgallery.com, www.flickr.com, www.snapfish.com 사진 공유 사이트

    www.ijourneys.com 고대 로마와 폼페이를 비롯하여 수많은 도시에 대한 오디오 투어를 제공

    www.soundwalk.com 경쾌한 테크노 음악을 배경으로 신나고 재미있는 오디오 투어를 제공

    www.ricksteves.com 전문 리포터 또는 일반 여행자들의 살아있는 여행기 제공

    www.indietravelpodcast.com 여행에 관한 조언과 리뷰 및 기사를 들을 수 있다

    www.totalvid.com 여행 관련 비디오가 수백 편 있어서 노트북 등에 내려받을 수 있다

    www.travelblogs.com, www.blogger.com, www.travelpod.com 여행블로그 베스트 3

    www.languagesabroad.com 50개 국, 30여 개 외국어를 배울 수 있는 학습 프로그램 제공

    www.kwikpoint.com 바디랭귀지에 필요한 600여 장의 다양한 카드 제공